Counselling Skills

一學就上手的
諮商技巧

Traci Postings 著
陳增穎 譯

COUNSELLING SKILLS

TRACI POSTINGS

Copyright © 2022 by Traci Postings

All rights reserved. No part of this book may be reproduced or utilized in any form or by any means, electronic or mechanical, including photocopying, recording, or by any information storage and retrieval system, without permission in writing from the publisher.

Complex Chinese Edition Copyright © 2025 by Psychological Publishing Co., Ltd.

關於作者

　　Traci 是一位經驗豐富的諮商師、督導和輔導教師，她曾在無家可歸和戒癮機構服務數載。多年來，她教授過各個級別的諮商課程，並在 CPCAB（Counselling and Psychotherapy Central Awarding Body）（諮商與心理治療核可資格認證機構）工作了十多年，推動和維持諮商訓練和資格發展的高規標準。Traci 目前任職於英國諮商與心理治療學會（British Association for Counselling and Psychotherapy, BACP），擔任專業標準提升團隊的策略規劃專案負責人。

陳增穎

現職：南華大學生死學系所副教授

學歷：國立臺灣師範大學教育心理與輔導學系博士
　　　美國伊利諾大學香檳校區訪問學生

經歷：諮商心理師高考及格
　　　國高中輔導教師
　　　諮商與心理治療實務工作者及督導

譯作：《敘事治療入門》（2008）
　　　《諮商概論：諮商專業的第一本書》（2012）
　　　《團體諮商：概念與歷程》（2014）
　　　《諮商技巧精要：實務與運用指南》（2015）
　　　《悲傷諮商：原理與實務》（2016）
　　　《40個諮商師必知的諮商技術》（2017）
　　　《社會心理學》（2019）
　　　《兒童與青少年諮商：理論、發展與多樣性》（2021）
　　　《青少年心理學》（2022）
　　　《兒童發展：主動學習的觀點》（2024）
　　　《一學就上手的諮商技巧》（2025）
　　　（以上皆由心理出版社出版）

前言

　　儘管越來越多人接受，以諮商作為在人生不同階段為個人提供支持的一種方式，但多數在情感或心理上受到傷害或掙扎的人，卻不曾去求助專業諮商師。根據英國諮商與心理治療學會（BACP）2019年公眾認知調查發現，88%的民眾會在問題失控之前尋求諮商，十分之九的民眾認為每個有需要的人都應該隨時可以獲得諮商服務（BACP Public Perception Survey 2019, www.bacp.co.uk/about-us/about-bacp/public-perception-survey-2019, accessed 7 January 2021）。然而，現實的情況是，諮商服務資源有限，而且往往不是免費的，使得許多人望而卻步。此外，並非每個遇到困難的民眾都需要或希望去見專業諮商師，但或可從其他多種管道、受過相關訓練的協助和支持中受益。

　　許多患有心理健康問題的人想求助各種專業人士，或身邊可信賴的人。他們具備能有效辨識並回應的能力，甚至因此改變對方的一生。處於痛苦的時候，光是被認可、聽到和回應的那一刻，就具有療癒和振奮的效果，深深地留在他們的記憶中。我的一位朋友有成癮問題，多次接受戒癮專業人士的服務，但她始終記得宿舍清潔工的善良和關心，那是對她的康復產生最大影響的人。這些暖心的時刻和故事時有所聞。即使在最困難的情況下，提供同情和關懷也是尊重他人生活經驗和共同人性的一種方式。

　　個人中心學派創始者 Carl Rogers 深信關係是能為人類福祉創造最佳條件的力量。他對當時所謂的心理專業人士和病理化取向很不以為然，主張關係的品質才是為心理和情感痛苦的人帶來治療助益的方式，由此引發

了一場寧靜革命。他強調關懷、人性和人與人之間交會，是推動治療的引擎，這些理念不僅成為人本諮商取向的基石，並且可說明痛苦者和尋求幫助者幸運碰到的許多非正式的人際互動。

每個人的內在都擁有豐富的資源，用以自我理解、調整自我概念與態度，啟動自主自發的行為；只要能夠提供一個催化這些心態成長的有利環境，這些資源即能得到開發運用（Rogers, 1980, p. 115）。

能夠安全且有效地使用諮商技巧作為現職角色之一的人士——無論是清潔人員、護理人員、教師、關鍵崗位工作人員、看護或是緩刑犯觀護員——都是接觸和影響他人生活的人。就其核心角色或身分而言，他們並非專業諮商師，但他們可能也需要具備傾聽和回應心理困擾的能力，其重要性不亞於專業諮商師，因為他們的回應可能對他人產生深遠的影響。

辨識心理和情緒困擾的跡象是第一步，但同樣重要的是能夠做出適當和有效的回應，以及知道何時該轉介給其他更適合的專業協助（如有必要的話）。這就是 BACP 諮商技巧能力架構裡所談及的內容。

政策制定者雖然已經認識到心理健康的重要性，但實際上他們並沒有承諾要提供必要的資源，來確保生理和心理健康之間得到平等的尊重對待。對於希望增加心理健康服務需求的呼聲，通常是要求現職角色加強有關心理健康的基本知識和資訊，來提高他們的能力。諮商技巧能力架構的重要意義在於，不僅要覺察心理狀態或「認識」心理健康，還在於如何以有益和療癒的方式，與另一個處於心理困擾的人「同在」。這不僅和學術學習或為他人「做」些事情有關，還涉及能夠在以現職角色與對方接觸的範圍內，提供支持而不至於漫無章法、承擔太多或精疲力竭。這是真的「看見」對方，而不僅只看到他的問題，同時又能聚焦在情緒、理解，以及有能力來維持彼此的互動。

諮商技巧的訓練要求極高，學習者不但要善用自身的內在資源，審視和挑戰自己的態度，更要去認識並努力理解他人的整體面向和多樣性，無論其年齡、性別、性取向、族裔、膚色、宗教、文化或特定的個人需求為何。這肯定不是一蹴而幾的事，也不是完成就好的任務，而是需要持續不斷的努力。本書列出所有諮商技巧訓練的不同要素，並說明這些技巧可在各種不同脈絡、不同角色變項中發揮作用的場景。

　　本書也深入介紹諮商師在訓練過程中應當學習的建立關係核心技巧。這些技巧和理論、其他技巧與實務環環相扣，目標是在正式的諮商關係中，為服務對象帶來治療性的改變。

　　BACP 參與並研發本書所述及的諮商技巧架構，因為我們相信諮商技巧至關重要。過去，BACP 已為使用諮商技巧的人士制定了獨立的倫理準則，肯定他們的貢獻和重要性，但又將之與專業諮商師的角色區別開來。在 2001 年的修訂中，最重大的變革是將不同的 BACP 倫理準則合併，形成統一的 BACP 諮商專業倫理準則（BACP, 2018）。它涵蓋了所有使用諮商技巧的人士，讓他們都認識到諮商專業的價值觀和倫理準則。

　　BACP 決定在 2019 年投入資源發展諮商技巧能力架構，以此回應日益增加的諮商角色（包括新手諮商師和現職人員）。受訓者預計只需最少的訓練即可掌握這些技巧，或明白服務弱勢和處於困境的人時應具備的基本要求。這就是為什麼能力架構要包括自我照顧、諮商支持，並強調認識個人能力限制、知道如何以及何時參考其他支持來源或專業協助的重要性。能力架構反映 BACP 對諮商技巧使用者的期望標準，這樣他們才能安全且有效地使用這些技巧。這不僅是為了服務對象的福祉，也顧及使用諮商技巧人士的安全。能力架構是在各領域專家諮詢小組的幫助和支持下發展出來的。BACP 提供的資源包括諮商技巧能力架構，使用者、受訓者和雇主的相關指南，以及制定架構的研究方法說明（www.bacp.co.uk/events-and-resources/ethics-and-standards/competences-and-curricula/counselling-skills）。

　　從更廣泛的角度來看，BACP 認為，能讓諮商技巧使用人士接受和採納倫理準則，作為提高日常互動中情緒和心理覺察，以及瞭解建立關係技巧的重要性，這樣的措施轉而又能深化治療性支持的價值，還能增加諮商師的轉介途徑和機會。

　　本書將 BACP 諮商能力架構生活化，相信有志於將諮商技巧作為專業角色責任之一和開始諮商之旅的學習者，必能從本書獲益良多。

Fiona Ballantine Dykes
BACP 專業標準執行長

Contents

Chapter 1	諮商技巧導論	001
Chapter 2	傾聽技巧	017
Chapter 3	回應技巧	027
Chapter 4	諮商技巧與助人歷程	059
Chapter 5	同理心	075
Chapter 6	平等、多樣性與包容	091
Chapter 7	助人關係與歷程	111
Chapter 8	倫理、界線與保密	127
Chapter 9	助人模式	143
Chapter 10	專業角色	163
Chapter 11	遠距諮商技巧	171
Chapter 12	自我覺察與個人素養	185
Chapter 13	專業支持、督導與自我照顧	209
附錄一｜諮商技巧能力架構		223
附錄二｜BACP 諮商技巧能力架構指南		233
附錄三｜諮商專業倫理準則		257
參考文獻		281

Chapter 1

諮商技巧導論

英國諮商與心理治療學會（British Association for Counselling and Psychotherapy, BACP）將諮商技巧（counselling skills）定義為：

> 諮商技巧結合價值觀、倫理、知識和溝通技巧，用以促進他人的情緒健康和福祉。諮商技巧並非諮商師的專利，許多專業都可善用之以增益現職角色的功能。因此，諮商技巧的效用取決於使用的專業人員及使用的場域（BACP, 2000, p. 7）。

上述定義顯示，諮商技巧遠不只是溝通技巧。使用諮商技巧的同時，也在展現一種存在方式，運用知識、技能、經驗和價值觀去理解他人，並提供符合他人最佳利益的支持與尊重。諮商技巧使助人者能安全與合乎倫理地支持服務對象，以便：

- 辨識需要晤談的服務對象。
- 使用適當的技巧回應，營造安全的傾聽空間。
- 敏察服務對象需要進一步的協助，引薦適當的資源或轉介。

諮商技巧訓練

諮商技巧訓練是成為專業諮商師的第一步，也為進行治療性諮商訓練奠定基礎。諮商技巧訓練要求助人者需具備必要的知識、技能、態度和素養，以便服務不同身分和場域的對象。在這種情況下，諮商技巧的運用，在於強化現職的專業角色，在不必改變現職專業角色的情況下提高角色的效能，例如：護理人員、教師、看護、社會工作者等。有些人接受諮商技巧訓練，是為了個人發展，或加強和改善他們與家人、朋友、同事的私人及工作情誼。因此，基本的諮商技巧適用於許多專業角色，例如：醫師、警察或健康關懷專業人員。

打個比方：多數房屋都有地基，但地基通常隱藏在建築物下方，房屋的外觀顯而易見，房屋的種類各式各樣。如果諮商技巧是地基，各種不同的房屋就像是可以安全地建立在地基上的專業角色，堅實的地基就是安全可靠的房屋和專業人員的利基！諸多提供支持、關懷和協助的專業角色，均可建立在諮商技巧的基礎上。瞭解現職專業角色與諮商技巧之間的關係，是為了確保所提供的支持和關懷具有附加的價值、技能、安全和倫理考量。多數專業人員已經具備與其主要職責相關的知識和技能；諮商技巧則進一步深化關係。舉例來說，具備醫學知識和諮商技巧的醫師，能與患者進行有效和具同理心（empathy）的醫病溝通。

活動1.1｜為什麼要學習諮商技巧？

思考下列問題，並說出你的回答。

- 為什麼我對學習諮商技巧有興趣？
- 我對哪些諮商技巧感興趣？
- 我的長期目標是什麼？
- 我打算如何實現目標？
- 我已經具備哪些可以支持他人的特質？
- 我覺得自己需要培養哪些特質？
- 我對學習和使用諮商技巧有哪些恐懼和疑慮？
- 我需要什麼來提升學習成效？
- 當我陷入困境或受挫時，我能對自己說什麼？
- 當我忘記如何樂在其中時，我要如何重拾快樂？

一學就上手的諮商技巧

玫瑰易名，馨香如故

諮商技巧也稱為助人技巧（helping skills）、積極傾聽技巧（active listening skills）、支持技巧（support skills）、熟練的溝通技巧（skillful communication skills）等。受惠於諮商技巧的專業不勝枚舉。儘管諮商技巧的哲學底蘊不變，但應用和目的可隨專業角色彈性變化。警察使用的諮商技巧雖與護理人員使用的諮商技巧不同，但關懷和賦能的精神依舊不變。回頭再看前面關於房屋的比喻，諮商技巧就像地基，沒有堅實的地基，房屋將難以招架各種變幻無常的情況，面臨倒塌的風險。不同的房屋和建築物（專業）可以在這些堅實的地基上，以合乎倫理和安全的方式建造。無論房屋是樸實的或華麗的、透天厝或公寓大廈，諮商技巧都可以為它們增色不少。當然，諮商技巧也是諮商與心理治療（psychotherapy）這棟美麗豪宅的基礎。

BACP制定了諮商技巧能力架構（見本書附錄一）。該架構確立了有助於提升諮商技巧效能的五個要素。這些要素就像蛋糕的成分，是生產美味鬆軟蛋糕的必備材料。這五個要素分別是：

- 傾聽與回應技巧（listening and responding skills）
- 同理心（empathy）
- 工作同盟（working alliance）
- 專業背景（professional issues）
- 個人素養（personal qualities）

本書將以諮商技巧訓練和上述五個要素展開旅程。多數諮商技巧訓練課程都會要求學生撰寫學習手記，記錄與學習經驗相關的想法、感受和意見。學習手記是學生和教師在課堂之外建立學習關係的絕佳機會。本書也將聚焦在學生的學習手記，以及學生與教師之間就學習主題和技巧訓練所進行的對話。

學習手記

　　諮商技巧的第一堂課就讓我大開眼界。老師先讓同學兩人一組，互相自我介紹揭開課程序幕；接著我們必須將分組夥伴介紹給全班同學。這比我預期的要難，我盡量一字不漏地全盤吸收。

　　我以為其他同學都是出於同樣的理由來選修這門課程——想接受訓練成為諮商師，但很多同學上這門課程是為了提升目前的工作效能。有一對夫妻是護理人員、有人的工作對象是藥酒癮者、有人在學校服務、有人則來自宗教機構。真的是各路好漢齊聚一堂。

　　我們協議先擬定課堂的基本規範，有人提議將這些規範寫下來並發給在場所有人一份。我們的第一項任務是討論諮商和諮商技巧的定義，這兩者之間有何區別。我認為諮商師不只是懂得使用諮商技巧而已，他們接受更多的訓練。有些人認為諮商師會提供建議，但其他人認為諮商師從不提供建議。有些人認為諮商師的話不多，多半是點頭和肢體語言。另有些人認為諮商師是要來解決問題和設定目標的，而另外一些人則認為諮商師會傾聽，但不試圖解決問題。全班同學一致認為，諮商師的存在是為了幫助他人，幫助的形式不一，但始終必須符合服務對象的最佳利益。

　　當我們試圖定義諮商技巧時，整個班級陷入眾說紛紜的狀況。諮商技巧是諮商師運用的技巧，但同時也是許多人可以使用的技巧。它們絕對是用來助人的特定傾聽和回應技巧。我們認為諮商技巧和理解、尊重與接納有關，諮商也是如此。老師問我們諮商技巧可否獨立運作，有些同學認為可以。但事實上，諮商技巧必須依附於另一個角色中。我希望繼續接受諮商師或心理治療師的培訓，當然，諮商技巧在這個角色中是非常重要的。

在這門課中，我們將互相練習諮商技巧，分成助人者（helper）和服務對象（helpee）兩種身分，前者是使用諮商技巧的人，後者為接受幫助的人。聽起來很合理。今天的課程時間快到時，老師設計了一個結束活動，要全體同學依序說出今天上課的感受，以及我們期待將從課堂中學習到什麼。

教師的回饋

歡迎你來上這門課，開啟一段學習和發現的嶄新旅程。關於第一次的課堂討論，你的說明十分寫實。但是，學習手記不需要記載太多事實的相關內容。我想瞭解你，瞭解你對課堂的所見、所思和所感，以及你對討論主題的想法和感受、討論的內容如何影響你和你的生活處境。根據你在手記中所寫的內容，我希望你能反思以下幾點：

- 選修這門課並處於新的環境中，你的感覺如何？例如：第一次上課的感覺如何？在你第一次來上這門課的路上，以及第一次見到同學時，你的感覺如何？
- 我想聽聽你對基本規範的看法。我注意到大家在討論的時候，你非常安靜，我想知道為什麼會這樣？
- 你寫到同學彼此介紹的過程，這比你預期的要難，你深怕遺漏任何事情。你在那次練習中的感覺如何？如果你遺漏一些事，會引發什麼感覺？

寫「諮商技巧」的定義時，你寫的是小組討論的內容，而不是你自己對諮商技巧的定義。我想在你的手記中讀到關於你自己的敘述。

你說你很喜歡最後的結束活動，帶給你很多收穫。我想多瞭解一些內容，想知道你所謂的收穫是什麼。

你在學習手記中所揭露任何你的想法、感受和意見，無論是正面的、負面

的或不堪的，都非常重要。總之，我想多瞭解你。

誠如老子所言：「千里之行，始於足下。」你已經邁出成為諮商師的第一步，祝福你。

三個 R

三個 R 就是：

- 辨識（recognise）需要晤談的服務對象。
- 使用適當的技巧回應（respond），營造安全的傾聽空間。
- 敏察服務對象需要進一步的協助，引薦適當的資源或轉介（refer）。

💬 辨識需要晤談的服務對象

有些人會使用肢體語言或非語言線索來表示需要晤談，或以口語表達他們正在經歷或發生的事情。想要精準發現困難和辨識晤談的機會相當困難，因此須時時保持敏銳及細心關注的態度。Branch 與 Malik（1993）曾描述經驗老到的醫師如何善用臨床診察的機會，打開患者的心門，協助患者表達和解決情緒問題。這些會談機會提醒專業人員，可以使用諮商技巧來營造一個安全和理解的傾聽空間，人們可以在這裡傾訴他們的感覺和困境。這些會談機會也可視為發揮同理心的契機。使用諮商技巧的專業人員面臨的最大挑戰是：如何辨識出對方需要晤談，並以適當的方式回應，同時繼續做好他們現職的專業角色。

Jansen 等人（2010）研究發現，當護理人員先認可患者的情緒表達，患者日後更有可能回想起討論的內容。然而，當護理人員不認可患者的情緒，且與患者的情緒保持距離時，患者就不太可能回想起討論事項。由此

可見，辨識對方何時需要情緒支持，實有賴於專業人員的細心和關注。

有些徵兆可以幫助我們觀察到對方需要支持，這些徵兆包括：

- **外觀變化**：不重視衣著和個人衛生、體重減輕或增加、煩躁、神經質或不安的行為。
- **生理健康**：睡眠問題、頭痛、無生理原因的疼痛、心悸、恐慌發作。
- **情緒**：焦慮和擔憂、覺得壓力很大、疲倦、易怒、被芝麻小事壓垮、流淚。
- **想法**：消極悲觀、缺乏希望感和感恩心情、事事較真、不明事理、反應過度。
- **行為**：酗酒或藥物濫用、孤立退縮、難以集中注意力、缺乏動力、迴避親友和社交場合。

上述部分或全部徵兆，都可能暗示著對方需要支持，但也可能是其他原因造成。重要的是不要先入為主，而是溫和且試探性地詢問對方是否願意傾訴和接受情緒支持。如果關係已經建立得不錯，可以更容易確認對方需要額外的協助。

💬 使用適當的技巧回應，營造安全的傾聽空間

倘若對方表明需要情緒支持，接下來要注意的是及時和敏察地回應，為他們提供隱私、安全和有界線的談話空間。本書著重於傾聽和回應技巧、工作同盟、催化助人歷程、提供同理的瞭解，以及採取符合諮商技巧價值觀的特質和態度。

💬 敏察服務對象需要進一步的協助，引薦適當的資源或轉介

時常在服務對象需要進一步的協助時，有些行業領域的專業人員因未具備合格或專業的助人能力而無法提供協助。在這種情況下，需要適當的引薦資源或轉介。

引薦資源（signposting）係指向服務對象提供可以去哪裡求助或可以聯繫哪些專家的資源，以獲得更多的建議、指引或支持。可能的引薦資源包括：

- 地政官員提供民眾有關公民諮詢局（Citizen's Advice Bureau, CAB）（譯注：類似法律扶助基金會）的訊息，協助民眾解決債務問題。
- 警察提供民眾有關該地區家庭暴力服務的訊息。
- 醫生提供性問題患者可求助的相關機構訊息。
- 母嬰團體的遊戲治療師提供有關移民問題的傳單。
- 青年工作者向年輕人提供有關當地大學的訊息。

轉介是指專業人員負責聯繫其他專業工作者、機構或組織。當服務對象需要進一步的協助或指引，但卻超出專業人員原本的能力、知識和經驗時，就要進行轉介。轉介的原因還包括利益衝突或雙重角色。常見的轉介案例包括：

- 家庭醫師將一名發現乳房腫塊的女性轉診給地區醫院的醫師。
- 兒童心理學家轉介個案給兒科醫師，進行自閉症評估。
- 教師將心理健康狀況不佳的學生轉介給社區心理健康團隊。
- 戒癮治療人員將揭露童年性虐待的個案轉介到進行長期的治療服務。

須謹記的是，轉介要在保密範圍內進行，並尊重個人的自主權和隱私

權。在整個轉介過程中，應為服務對象提供支持，而不是在專業人員或組織之間互踢皮球。舉例來說，將服務對象轉介給醫院的家庭醫師時，應與患者保持電話聯繫以便追蹤，直到確定他們收到醫院的預約；居家照護人員定期探訪等待敬老院床位的長者等等。亦即，不應讓服務對象在轉介過程中覺得被晾在一邊，得不到支持。

總之，轉介應該適切且符合服務對象的最佳利益。盡可能徵得服務對象的同意和允許。服務對象應清楚瞭解轉介過程的詳細訊息、會發生什麼事以及他們會被轉介給誰。重點是與服務對象好好討論轉介過程，讓他們有機會說出感受，並澄清轉介不是拒絕服務，才能真正幫助到服務對象。

諮商技巧簡史

傾聽、關懷和理解的力量與時間一樣久遠流長。自有歷史記載以來，我們就在被理解和接納的傾聽中找到慰藉，坦誠地對那些願意不批判、不帶成見和情緒傾聽的人說出我們的煩惱。正如俗諺所言：「將煩惱與別人分享，煩惱就少了一半」（a problem shared is a problem halved）。

當代關注的是 19 世紀和 20 世紀開始發揚光大的諮商專業和諮商技巧，但諮商專業和諮商技巧的原則與價值觀，早在數個世紀前就開始建立了。在耶穌基督的時代，一位名叫 Seneca 的古羅馬哲學家談到被理解和理解他人的美妙之處，等於認可了當今所謂的同理心的意義和價值。

幾個世紀以來，婦女們圍成一圈坐著講故事，為彼此的痛苦和悲傷而哭泣。說話者手持「發言棒」，其他人則保持沉默並聆聽。當說話者講完、想要休息一下時，就將發言棒傳遞給下一個需要說話和被傾聽的人。長久以來，教會一直在告解室提供「傾聽的耳朵」（listening ear），所有人都可以去那裡懺悔他們的過錯，並將內疚和羞愧的負擔拋在腦後。

放眼過去，以前的人對待精神病患者和情緒創傷者，不但苛刻而且殘

忍。上述患者通常被視為不好的人，甚至是被惡靈附身。表 1.1 顯示以傾聽、關懷和理解來幫助他人，如何演變為當今所熟知的諮商技巧和諮商專業。

表 1.1 諮商技巧和諮商專業演進時間表

年代	事件
古代	古希臘人質疑精神疾病是由神靈引起的觀點。他們已經知道鼓勵和安慰的話語具有療癒的價值。他們將助人視為美德。不過，古希臘人的一些想法有點奇怪，例如：他們認為只有女性才會罹患歇斯底里症，是子宮亂竄引起的；巫術則是用來彌補醫學的不足。 • 西元前 400 年——Hippocrates（希波克拉底，醫學之父）認為是黑膽汁導致心情抑鬱和憂鬱症。 • 西元前 500 年——Siddhartha Gautama（悉達多喬達摩，佛陀）創立佛教，認為精神痛苦的根源是無明導致的執著和渴望。 • 西元前 300 年——古代的中國已經確立器官和情緒之間的關係。氣（Qi）是一種生命力，必須調和陰與陽兩種力量。
中世紀	重新相信是超自然的力量導致精神疾病，並使用酷刑來取得惡魔附身者的供詞。 • 900 年——Ahmed ibn Sahl al-Balkhi（阿富汗博學家）率先介紹「心理衛生」（mental hygiene）一詞。他觀察到疾病可能同時有生理和心理兩個方面的原因。一個類似於心理治療的概念被稱為「al-ilai al-nafs」。「nafs」意指自我（self）或心靈（psyche）。 • 1386 年——「諮商」（counselling）一詞出現在 Geoffrey Chaucer（喬叟）的《巴斯妻子的故事》（*The Wife of Bath's Tale*）（譯注：收錄於《坎特伯里故事集》[*The Canterbury Tales*] 的短篇小說）。 • 1403 年——倫敦貝特萊姆皇家醫院（The Bethlem Royal）收治了第一批精神病患者，通常被稱為 Bedlam（貝德萊姆），治療方式主要是強制約束。民眾可以付費進入醫院觀賞瘋子病人。 • 1567 年——Philippus Aureolus Theophrastus Bombastus von Hohenheim，又名 Paracelsus（帕拉塞爾蘇斯，瑞士醫師）希望對精神病患者進行更人道的治療。他認為應該要關懷和理解地對待患者，不要把患者當作是被邪靈附身。

表 1.1　諮商技巧和諮商專業演進時間表（續）

年代	事件
18 世紀	• 1770 年——Johann Joseph Gassner（加斯納）提出一種有趣的治療方法，結合了催眠療法和驅魔儀式。 • 1793 年——法國的比塞特爾醫院（The Bicetre Hospital）率先對精神病患者進行人道治療，解開病人的枷鎖和鎖鏈。在 Jean-Baptiste Pussin 的開創及 Philippe Pinel 的攜手合作下，進行「道德治療」（The Moral Treatment），兼顧病人的情緒和社會互動。 • 18 世紀末，「心理治療」（psychotherapy）一詞正式定名。美國的梅約診所（Mayo Clinic）統稱心理治療是「藉由與精神科醫師、心理學家或其他心理健康服務工作者談話，來達到治療心理健康問題的效果」（www.Mayo.com）。
19 世紀	• 1826 年——Justinus Kerner（科納，德國醫師）承繼 Johann Joseph Gassner 的工作方式，結合催眠療法和驅魔儀式，運用「動物磁性」（animal magnetism）（催眠術）和驅魔儀式治療患者。 • 1853 年——英國精神病學家 Walter Cooper Dendy（丹迪）引進「心理治療」（psycho-therapeia）一詞，意思是「治療者的心理支持對患者的心理產生有益的影響」（Jackson, 1999, p. 9）。 • 1879 年——國際醫學期刊《柳葉刀》（*The Lancet*）發表一篇文章，建議透過電話關懷，以減少患者不必要的就診次數。 • 1886 年——被譽為治療之父的 Sigmund Freud（佛洛依德）開始他在維也納的治療工作和研究。治療工作主要是傾聽患者並提出詮釋。
20 世紀	談話與傾聽成為減輕情緒問題和痛苦的治療方式；提供這種治療的人士通常是教育工作者、社會倡議者、職業輔導者和其他專業人員。融入其他專業角色的諮商技巧於焉誕生。 • 20 世紀初期，Clifford Whittingham Beers（比爾斯）（1876-1943 年）在美國發起了心理衛生運動。他曾是精神病院患者，立誓要改變精神病院惡劣的狀況。 • 1908 年——美國的 Frank Parsons（帕森斯）創立了波士頓職業局，強調支持和輔導（guidance）的重要性。他相信個體對自己的瞭解越多，就越有能力做出有益治療的選擇。輔導並非告訴對方該做什

年代	事件
20 世紀	麼，而是使用技巧和知識指引明燈，幫助個體找到自己的路。善用諮商技巧能為他人照亮道路，協助對方找到前進的方向。 • 1940 年代和 1950 年代——Carl Rogers（羅傑斯）發展出人際治療方法，強調治療師與當事人之間溫暖、真誠和接納的互動（Rogers, 1957），也就是今日著名的個人中心諮商學派（person-centred counselling），對教學、治療、助人和諮商技巧，以及其他專業產生深遠的影響。 • 1943 年——人本主義心理學創始者 Abraham Maslow（馬斯洛）提出著名的需求層次理論（hierarchy of need）（Maslow, 1943）。 • 1945 年——Virgina Axline（愛思蓮）和 Carl Rogers 共同發表一篇論文，描述一位教師如何在幾個月的時間內回應一名六歲身障男孩的情感和社會需求（Axline & Rogers, 1945），闡明教師如何利用諮商技巧——主要是以數段 15 分鐘的簡短傾聽對話——對嚴重困擾兒童的康復發揮關鍵作用。 • 1960 年——Thomas Szasz（薩斯，匈牙利裔美國精神病學家）發起反精神病學運動，R. D. Laing（連恩，蘇格蘭精神科醫師）出版《分裂的自我》（*The Divided Self*）（Laing, 1960），視精神疾病為生活經驗的有效溝通方式，而非精神疾病的症狀。 • 1967 年——Aaron Beck（貝克）發展出一套憂鬱症的心理模型。今日，醫師、護理人員和其他健康專業人員，仍廣泛使用貝克量表（Beck Inventory）來辨識憂鬱症（Beck, 1967）。 • 1977 年——英國諮商學會（British Association for Counselling）（譯註：BACP 的前身）成立，成為諮商專業的組織之一，廣納使用諮商技巧的專業人員。 • 1993 年——Branch 和 Malik 探討資深醫師如何善用會談技巧，協助有情緒問題的患者（Branch & Malik, 1993）。 • 1998 年——Egan 提出有效能的助人者模式（Skilled Helper Model），適用於各行各業（Egan, 1998）。該模式的目標是有效協助民眾管理生活，並做出持久的改變，掌握機會充分發揮潛力。

表 1.1 諮商技巧和諮商專業演進時間表（續）

年代	事件
21 世紀	・2008 年——Høigaard 和 Mathisen 發展出一套非正式場合、非諮商師的專業人員亦可運用的諮商技巧模型（Høigaard & Mathisen, 2008）。 ・2011 年——McLeod 和 McLeod 提出嵌入式諮商（embedded counselling）的技巧訓練和研究（McLeod & McLeod, 2011）。 ・2019 年——BACP 制定出諮商技巧能力架構。 今日，諮商技巧幾乎遍布世界各個角落。在多數國家／地區，諮商技巧不僅可用於救援工作，還能提高健康、社會關懷與助人等領域的專業角色價值和效能。

學習手記

我已經坐在書桌前很長一段時間，試圖寫這篇手記，但真的不知從何下筆。我不確定該如何寫下我的感受以及寫多少關於我自己的事。我想了很多第一次寫手記時老師給我的回饋，並意識到我不想寫我的感受和想法。萬一我的感受和想法是錯的怎麼辦？如果那並非我的本意怎麼辦？如果我不是合適的人怎麼辦？如果我不夠堅強，不夠完美怎麼辦？我確實想繼續學習如何成為一名諮商師，但如果我在諮商技巧課堂就如此害怕，也許我就是做不到。

事實上，無論在課前、課中，甚至課後，我都非常害怕。班上有一群專業的、學術圈的人士，我覺得自己很不夠格、很蠢。我已經很多年沒有工作了，之前也只做過店員或清潔工作。我覺得很丟臉，沒有資格待在這個班。其中有位同學是社工師，我跟他們差了一大截。

我是一個家庭主婦，這些年來辛苦撫育孩子，而我的婚姻最後以失敗告終，疲於應付的我，淪落到要去見諮商師。那是幾年前的事了，但當時

對我的幫助很大,我希望有一天能有所回報。長久以來,我做牛做馬——除了做我自己——以至於我忘了該如何做自己。我嘗試融入他人,希望我不會出洋相。我一定是緊張過度,搞得我的脖子和肩膀痠痛了好幾天。寫完這篇手記,我還是覺得自己很笨。曾經看過一張海報,上面寫著:「真相會讓你自由」(The truth will set you free),好吧,我已經寫下這段事實,希望這樣有好一點。

教師的回饋

感謝你的坦率和真誠。聽起來你好像帶著許多困惑和難熬的情緒坐在那裡……儘管如此,你還是回來了,顯示你有勇氣和決心。我不想用陳腔濫調來安慰你,但我想告訴你,助人與諮商專業並非建立在智力上。智力雖然重要,但更重要的是你帶進工作的其他事物。你已經帶來了誠實、脆弱和與治療過程有關的知識。

你得之不易的經驗與閱讀學術巨著一樣重要。你的理解和意願與令人肅然起敬的頭銜一樣重要。我能感受到你的恐懼和畏怯,但我可以告訴你,即使是這樣的情緒也深具價值。

任何明天要去見患者的醫師,都曾在某個時刻恐懼不已。每個診療室裡應該都會有兩個相當害怕的人——患者和醫師。如果沒有,他們又何必費心去查明每個人都知道的事情(Bion, 1990, p. 5)。

所以,你很害怕……你知道嗎?我也是。

顯然,諮商技巧可以提升多數健康和社會關懷等角色的功能,同時也是諮商和心理治療專業的基石。

本書接下來的章節要探討諮商技巧的不同要素,每章都有案例研究和練習活動,協助各位讀者建立能力和信心。

一學就上手的諮商技巧

Chapter 2

傾聽技巧

傾聽常被誤認為是一件簡單的事，但事實並非如此。傾聽可說是最重要的諮商技巧；它是給予關注，全神貫注的關注——敞開心扉傾聽別人的故事、經驗和感受。這是受邀進入他人私密、敏感的心靈生活空間，因此需要非常的謹慎和尊重。

根據《牛津生活詞典》（*Oxford Living Dictionaries*），傾聽（listening）是：

> 注意對方的聲音或動作。傾聽時，其中一個人專心聆聽對方在說什麼，並試圖理解話語中的含義。傾聽涉及複雜的情感、認知和行為過程。

諮商時，我們當然要聆聽對方的話語，但我們也要傾聽沒說出口的話；我們傾聽感受和觀察臉部表情。此外，我們還需傾聽自己內在的聲音，以便能夠先把自己放在一邊，給予對方全部的注意力，仔細聆聽他們正在傾訴的故事。有時候，因為我們自身的想法和感受橫梗其中、思緒翻飛，很難專注傾聽對方的話。對方可能會提到我們不認同的事情，激起我們的怒氣、恐懼或投射。我們一不小心就被這些感覺和思緒帶走，不再聽對方說話。當有人哭著告訴我們發生的痛苦事情時，我們忙著思考如何讓他們的心情好轉、提供寶貴的建議或解決他們的問題和困境時，我們也不自覺地停止傾聽。然而，諮商技巧並不是用來解決問題、提供建議或尋找解決方案，而是傾聽與理解。

捫心自問，其實我們並無法改變或「修復」別人；改變必須由他們自己做起。如果我們自認為比他們還善於解決問題，那麼我們實際上是在看不起人。我們可以仔細傾聽，努力理解對方的感受，這種話聽起來似乎沒什麼說服力，僅靠傾聽和理解就能助人嗎？事實上，傾聽和與對方同在，遠比提供建議和陳詞濫調要難得多。

> **活動 2.1 ｜ 測試你的傾聽能力**
>
> 選一個你通常不看或不聽的電視或廣播節目，聽 20 分鐘。
>
> - 當你聽的時候，留意你的思緒何時分神。你的想法去哪兒了？是什麼導致你分心？
> - 留意你的意見和評價。它們對你的傾聽造成什麼影響？
> - 你對不同角色（喜歡或不喜歡）的感受，是否會影響你的傾聽能力？為什麼？
> - 這 20 分鐘結束後，回想你能記住的內容。你從傾聽當中學到了什麼？它比你預期的更容易還是更難？

許多事情會妨礙我們專心傾聽，這些事情大致分成兩類：

- 內部因素
- 外部因素

有趣的是，妨礙傾聽的因素環環相扣、交互影響，例如：當對方的外表或表現觸發聽者的偏見，導致聽者做出判斷，從而妨礙了傾聽和理解。

將尿急和穿過緊的鞋等事當成妨礙傾聽的因素，可能令人發噱，但身體不適的確會讓我們的注意力集中在自身的生理需求上。留意這些生理需求發出的訊號，才能讓我們自由地活在當下，對他人的想法和感受持開放態度。不是深層次的情感問題才是問題；像衣服讓人發癢這樣簡單的事情，就可能會讓人除了發癢，什麼都聽不到。所謂「星星之火，可以燎原」，有時一些小事反而會釀成嚴重的阻礙。造成妨礙的不一定是困難、情緒化和戲劇性的事情；相反地，看似微不足道、容易被忽略的小事，更是要及早留意避免。

表 2.1　妨礙傾聽的因素

內部因素	外部因素
個人的情緒，例如： ・心懷怨恨和傷害，容不下其他事情 ・害怕自己做得不夠好或做錯事 ・擔心不被喜歡或被批評 ・對對方心生畏懼 ・因個人事務而心情沉重和封閉心扉 ・對不公不義的事感到憤怒	**讓人分心的事務，例如：** ・缺乏隱私 ・電腦螢幕畫面 ・手機 ・其他人的談話 ・房間外的噪音，如施工或清潔工作 ・屋外的汽車聲 ・電視 ・電話鈴聲
個人的念頭，例如： ・想著接下來要回答什麼 ・想說一些聰明或有幫助的話 ・縈繞心頭的全是自己的事 ・被對方的話觸動回憶	**不安全的空間，例如：** ・聽得到房間外響亮、攻擊性的言論 ・擔心有人會打擾 ・巨響 ・無處可坐或座位不合適 ・無法鎖門 ・離對方太近或太遠 ・凌亂或髒亂的環境
偏見和刻板印象，例如： ・預設立場的判斷或假設： 　- 文化 　- 種族／族裔 　- 性取向、性行為 　- 身心障礙 　- 年齡、體型、性別等 ・先入為主的定見；假設已經知道對方要說什麼	**對方的外觀或味道，例如：** ・穿著奇裝異服 ・穿著非常暴露 ・有吸引力或令人反感 ・難聞的體味 ・香水或古龍水味道太重
身體不適，例如： ・太熱或太冷 ・讓人不舒服（太緊或致癢）的衣服 ・飢餓或口渴 ・想上廁所 ・生病 ・疲倦	**對方的話語或聲音，例如：** ・喃喃低語 ・大聲咆哮 ・搗住嘴巴並壓低聲音 ・語速太快 ・口音濃重

個人的念頭和情緒

妨礙傾聽最大的因素可能是個人下意識的念頭和情緒。表 2.2 列出其他可能妨礙傾聽的個人因素及原因。指出會妨礙你傾聽的主要因素，並反思其原因，以及你可以採取哪些措施來克服這些阻礙。

如果你處於防備、評價、無聊或情緒低落的狀態，就很容易誤解對方訊息的**含義**（S. K. Ferrett, 2008, p. 157）。

表 2.2 妨礙傾聽的個人因素

妨礙傾聽的因素	原因
神遊	某些事情讓你思緒紛飛，走神幾秒鐘甚至數分鐘。當你回過神來，才發現完全沒聽到對方剛剛說了什麼。
評價	你不喜歡對方所說的話，或不同意他的行為、價值觀和信仰。
腦內推演	忙著思考等一下要說什麼，而沒有真正傾聽對方的話語。
認同	對方與你有相似的經歷，你自認知道擺脫困境的方法。
感觸	對方談論的經驗或情況，讓你想起自己痛苦和未癒合的往事。
比較	想知道對方是否比你更聰明、更漂亮、更友善、更沉著。
反感	就是不喜歡對方。
自身狀況	你很痛苦，也許是喪親之痛、剛結束一段關係，讓你自顧不暇。
厭倦	在漫長的一天結束後，抑或在很長一段時間內支持和傾聽別人的意見後，已經沒有力氣再關心了。
岔題	改變話題或漫談一些事情，來逃避對方正在談論的話題。
讀心術	你自認你比對方還要瞭解他自己。
救世主情結（rescuing）	你為對方感到難過，並說出一些陳腔濫調來阻止他們停留在感覺中，並藉由告訴他們連你自己都不太懂的事情，來強迫他們停止痛苦，例如：不要害怕，因為沒什麼好怕的。

表 2.2 妨礙傾聽的個人因素（續）

妨礙傾聽的因素	原因
安撫	你可能害怕衝突，並非常想得到別人的喜歡和欽佩。為了彰顯你的友善和體貼，你傾向於附和贊同他人的觀點。
自命不凡	你亟欲表達自己的觀點，且深信什麼才是對對方最好。
自信不足	腦海中充斥著各種自我挫敗的想法，例如：「我一定會搞砸，讓自己出盡洋相。」
問問題	問了一個又一個問題，有可能是你喜歡刨根究底，或是不知道自己還能做什麼。
給建議	直接告訴對方該怎麼做。
自吹自擂	吹噓自己的經驗及成功之道。
打斷對方	你有重要的話要說，不耐煩地打斷對方的話，不讓對方講完。有可能是你個性急躁，想法來得太快，忍不住脫口而出。
畫大餅	你太想幫上忙，因而給出你可能無法兌現的承諾，超出你的角色和責任，給對方虛假的希望。
淡化	淡化對方的困難，例如：事情沒那麼糟糕。

傾聽確實是諮商技巧的最高境界，想成為一個專注的傾聽者，需要投注相當多的心力和努力。以下活動彰顯單純傾聽的挑戰和難度。

活動2.2 ｜ 傾聽技巧

兩人一組，聽你的組員講話 5 分鐘。在這 5 分鐘期間，你可以回應任何話，除了：

- 問問題。
- 提供建議。
- 說自己的事。

- 說出想讓對方感覺好些的話，例如：告訴他會沒事的。
- 忽略對方的感受，例如：「不要害怕」、「沒有什麼好怕的」。

你對這個活動的感覺如何？

你是否能夠在不採取上述任何列點行為的情況下，聆聽和回應5分鐘？

你很想使用或忍不住使用了上述哪些列點行為？

＊＊＊

　　上述行為是要避免你沒有真正傾聽對方的話語和感受。當我們不知道還能做什麼時，它們往往成為我們常用的回話方式，這些通常是為了讓自己感覺更好而說的話。單純的傾聽可能會使你感到痛苦和焦慮，但只是安靜地聆聽，而不是用話語填滿每段時間，就能達到令人難以置信的療癒效果。

　　你還記得生命中的某個時刻，對方只是傾聽，而不會想讓你照著某些方式去行事、感受或思考嗎？那是一種什麼樣的體驗？

　　多數人都能夠回想起在幾個對話過程中，對方焦急地盯著我們，等待回應，但我們完全不懂他們在說什麼。不知怎地，我們的思緒開始飄遠，處於不知道該同意或不同意、只好繼續保持微笑的可怕境地，不想承認我們沒有在聽，以免傷了對方的心。認識這些妨礙傾聽和分心的原因，我們可以排除或至少減少走神的時間。

學習手記

傾聽

　　我自認為善於傾聽，這也是我選修這門課程的起心動念之一。我開始意識到，當我以為自己在聽別人講話，其實我滿腦子都是自己的想法和意見。別人說話的時候，我的腦袋忙著思考接下來該說什麼、可能的解決方案是什麼、這個人需要做什麼、我是不是在胡說八道等等。我的腦袋裡滿是我自己的念頭，根本沒聽對方在說什麼。如果他提到我經歷過的事情，我的思緒更是飛散。我知道我的經驗不一定和他的一樣，但我還是忍不住妄加臆斷，頭腦轉得飛快。接著我還得不停地和那些我搞砸了、我在胡說八道的想法搏鬥，簡直就像一隻坐在車窗裡的小狗，只會拼命點頭。

　　無論我多麼努力，還是會分神。在一次技巧練習的過程中，我甚至發現自己在想著要泡什麼茶、是否來得及在商店關門前趕上等等。我為自己的失禮感到汗顏，但我就是忍不住。我嘗試拉回注意力，但這似乎只讓事情變得更糟——那些思緒仍然在我腦海中翻騰。我還發現我在檢查自己是否坐姿端正、是否交叉雙臂或雙腿。還有，眼神接觸真的很難……不是沒有眼神接觸，就是盯著對方的眼睛看，把彼此都嚇壞了。我的身體在椅子上感覺很不自在，我只顧著自己，渾身上下都覺得不對勁。這些都妨礙我傾聽和支持對方。所有的一切變得和我，以及我的想法和感受有關——跟專注傾聽完全相反。

　　我試著練習「觀察和等待」，單純地為對方提供一個安全的空間，按照他們的節奏說話。儘管說得容易，做起來卻難如登天。我的焦慮讓我亂了方寸，不停地問問題或發表評論，而不是靜默不語，留點空間讓對方思考。因為緊張的緣故，我的內在節奏不自覺加快，影響了我的行為。

雖然聽起來有點蠢，但我一直在思考如何才能改善我的傾聽能力，怎樣才能擺脫這些壞習慣。我想到一個小儀式，到目前為止似乎行得通。我想像有三個嬰兒吵著要引起我的注意。這三個嬰兒分別是恐懼、羞愧和評價。我得花幾分鐘的時間給嬰兒餵奶和換尿布，然後再用最柔軟的毯子把他們包起來，播放輕柔的搖籃曲、開著柔和的小夜燈，讓他們舒舒服服地躺下來睡覺。在最後幾次的技巧練習之前，我先完成這個小儀式，讓自己的心平靜下來，這讓我感覺有自信多了。不過，現在寫出這些內容，還是覺得有點丟臉。

到目前為止，我只是假設我們用耳朵在聽，但實際上我們也在用其他感官「傾聽」。肢體語言和非語言溝通是要仔細「看」的，不是聽過就好；同理心是可以被感覺到、也可以被聽到的。在某些情況下，碰觸甚至能傳達更多訊息。

哇，我從來不知道傾聽是這麼難。

教師的回饋

謝謝你在學習手記中的自我覺察和誠實。我特別喜歡你在承擔傾聽角色之前，先安撫三個嬰兒的比喻。你願意跟班上同學分享這個小儀式嗎？

傾聽並不容易，尤其是「積極傾聽」（active listening）──既用「心」聆聽，也用「頭腦」傾聽。你正在學習一種全新的傾聽方式，就像學習其他新事物一樣，剛開始時都會覺得困難和彆扭。妨礙傾聽的侵入性想法和意見，就像蚊子一樣令人分心和厭煩，我會想像拿起驅蚊劑來驅趕它們。這些能改善傾聽能力的方法，既創意又有趣。

聽起來你也注意到你有多麼挑剔自己，希望隨著課程進行，你能夠學習平息這種內在刺耳的聲音。

環境與傾聽

　　安全和隱私、不被他人打斷的環境或空間，是有效傾聽的重要條件。將手機關機或調成靜音、關閉電腦螢幕。使用舒適的座椅，最好是高度相似的座椅。如果其中一個座位比另一個高，可能代表權力不對等，不利於談話。座位之間的空間需夠近到能聽到彼此的聲音，但又不能太近，免得讓對方有壓迫感而想退後一步。你可以將椅子稍微轉個角度，避免併排或相對而坐、直面對方，才不會讓人覺得兩方正在對峙，妨礙交流。當然，難免會出現臨時需要傾聽、但卻沒有座位或私人空間的時刻。不過，多數的傾聽和助人場合，都需要一個安全的空間和合適的座椅。

　　你和對方之間的距離，與倫理和個人界線有關。先與你的朋友和家人一起練習自在和不自在的方式，設法找到一個「兩全其美」的折衷辦法。兩張椅子之間的空間需要維持在讓雙方都能感到舒適的社交距離——這是既能保有個人空間，又讓人覺得自在的距離。此外，座位之間的空間亦須多方考量。我們可以利用這個房間的佈置，為對方提供一個足夠安全和舒適的傾聽空間，可以談論心中的傷痛。有些人喜歡椅子之間有張桌子作為緩衝物，有些人則認為這是障礙物。你的想法呢？

　　骯髒或凌亂的房間會讓人分心，而空蕩蕩的房間則會讓有些人覺得不寒而慄。房間應通風良好，以減少幽閉恐懼發作和過熱的風險。隔壁在幹嘛？相鄰房間的噪音也會害人分散注意力。

> **活動 2.3 ｜ 傾聽空間**
>
> - 設計一個理想的傾聽空間。想想如何透過環境改造，解決那些妨礙傾聽的障礙。
> - 什麼樣的房間能讓你感到舒服，且能好好地談話？

Chapter 3

回應技巧

循環呼吸（circular breathing）是管樂器演奏者常使用的一種技術，這樣可以使他們不間斷地演奏出連續的音調。它是以鼻子吸氣，儲存在臉頰內，最後再以嘴巴將空氣排出。現在我們要來練習類似的諮商技巧。傾聽讓我們能理解對方所說的話，專注於聽到的內容；回應技巧則是要使用聽到的訊息和感受來回應，讓對方知道我們已經聽到並理解，而且想多聽一些、多理解一些。傾聽和回應的搭配像是一種節奏，設定好步調，為對方提供一個安全和支持的空間，讓他們願意敞開心扉，分享想法、感受和問題。

本章著重於討論一系列的回應和溝通技巧，重點放在如何回應及何時回應。適當地使用諮商技巧，有助於我們無論在何時何地，都能準確、敏察地回應對方。以下將說明如何使用諮商技巧的「W」。

在助人角色中運用諮商技巧時，我們可以問自己七個簡單的問題，以確保我們提供安全又有效的工作品質。需反思的「7W」為：工作的環境、工作的對象、工作的目標、可用來催化互動的技巧為何、如何及何時使用這些技巧來支持對方、採用這些做法的理由何在、如何證明助人的成

諮商技巧的「7W」

需反思的問題為：

- 我現在位於何處？（Where are we?）
- 我和誰在一起？（Who are we with?）
- 我現在在做什麼？（What are we doing?）
- 我正在使用哪些技巧？（Which skills are we using?）
- 何時該使用這些技巧？（When are we using them?）
- 現在為什麼要做這件事情？（Why are we doing what we are doing?）
- 我現在所做的有幫助嗎？（Will what we are doing help?）

效等。這些問題都有助於我們發揮最大效能,同時也反思技巧的使用成果,作為未來助人工作的改進方向。

簡述語意

簡述語意(paraphrasing)是一個非常重要且用途廣泛的諮商技巧,意指傾聽對方說話,然後再用不同的詞語複述,但不改其意。簡述語意的內容通常比對方所說的話更短、更簡潔。重點是不要遺漏相關的細節,但同時又不迷失在細節裡。簡述語意可用來找出內容要點,避開枝微末節和喋喋不休來擾亂談話。

服務對象:我一直睡不著,數羊、精油放鬆、洗熱水澡、喝熱牛奶、換床單,能想到的方法都試過了,都沒用。

助人者:你試過很多不同的方法,但仍然無法入睡。

從上面這個簡單的例子,可看出如何運用清楚精確的簡述語意,回應對方談話內容的要旨。

簡述語意的優點如下:

- 讓對方知道我們有仔細傾聽。
- 傳達關注和理解。
- 協助對方聽到他們所說的話。
- 協助對方看清事情的本質,不被細節和故事隱蔽真正的問題。
- 澄清令人困惑的內容。
- 突顯重要的問題。
- 核對我們所聽到的內容是否正確。

簡述語意時,重要的是不要加油添醋,擅自發表你對問題的看法、個

一學就上手的諮商技巧

人意見和感受，而改變對方訴說內容的實際含義。同樣重要的是，不要忽略任何重要元素。下面的例子說明，看似簡單的技巧，也很容易因為增添或刪減內容而出錯。

服務對象：我真的累壞了。兒子叫我幫他送午餐、媽媽叫我幫她取乾洗衣物、我還有幾份工作報告要寫，還要把房子全部打掃乾淨、準備女兒的生日派對。更別提我媽媽還希望我幫忙安排外甥來探望她的交通事宜。我還得買一套新衣服和做頭髮，趕在下週朋友的婚禮前打點妥當。

回應：

你對施加在身上的所有負擔感到生氣……

這可能是真的，但我們還無從得知。對方並沒有說她很生氣，這樣的回應只是一種假設。如此的過早定論（premature response），是在曲解對方的話。

聽起來你想在朋友的婚禮上表現出最好的一面……

同樣地，這可能是真的，但對方並沒有明說。婚禮只是她所說內容當中的一小部分。

他們在利用你，我認為你應該告訴他們，你不是他們的傭人……

提供建議完全沒有幫助。這好像是在告訴對方，他（她）沒有自我決定的能力。提供建議也像在暗示我們懂得比對方多。當我們不知道該做什麼或說什麼時，通常會用提供建議來當擋箭牌。

你能不能先做好你女兒的事，其他的之後再說……

助人工作之一為釐清優先順序和容易處理的事務，但告訴對

方怎麼做不是你的職責。這樣的回應暗指你知道什麼對對方來說最重要、什麼對他們最好。提供建議或許能讓你在互動中自認重要和高人一等，但無助於解決對方的問題。

你只需要專注在兩件事上，那就是……

這會讓對方迫於壓力，去做你想讓他們做的事，而不是他們自己想做的事。雙方同意將重點放在重要的事情上固然很好，但這要由對方來決定，而不是你。告訴對方該做什麼的一大風險是，他們也許不想做或不得不做，這可能會讓他們想避開你（或避免尋求他們需要的幫助），或者為了避免內疚或難受而撒謊。

一時之間要忙的事情太多，讓你精疲力盡……

這樣的回應雖非完美，但恰如其分地簡述語意，掌握了對方話語內容的核心。

簡述語意的另一個重要功能是促進對話流暢，使雙方可以不間斷地繼續談話。在停頓時使用簡述語意，讓對方知道我們聽到並理解他說的話，如此一來也能鼓勵他們多說一些困擾他們的事情。簡述語意的長度很重要。如果簡述語意太長，對方在等你說完時早已注意力渙散，甚至失去興趣。如果簡述語意太短，恐怕無法充分傳達你所理解的內容。如果簡述語意失準，可能會陷對方於尷尬境地，在無法質疑你的狀況下，只能同意或不同意你的說法；對方也可能會懷疑他的話是否不值得一聽，因為沒有得到你的理解。你可以多找機會、把握任何與他人對話的機會練習簡述語意，不限於助人工作的談話。與朋友和家人交談時，克制你想發表個人想法、感受和意見的衝動，簡單地向對方複述你所聽到的內容，效果可能會令你大吃一驚。

完成下表中每段敘述的簡述語意，如前兩個敘述的範例。

表 3.1 簡述語意

敘述	簡述語意
我真搞不懂他。原本還很友善，下一次碰面卻把我當空氣。	他好像有點前後不一。
我喜歡搭郵輪旅遊，全程毫無冷場，總有新鮮事發生，像是健身課程、講座、舞蹈、電影、手工藝、按摩、遊戲、猜謎等。	聽起來有很多活動可以選擇。
我的伴侶想要一個孩子，但我還沒有下定決心。我當然希望我們一起做出承諾，但如果最後還是分手了怎麼辦？我不想成為單親家長。	
我決定離開我的妻子。我從未愛過她，只是出於責任感而留在婚姻裡。但時間一分一秒地流逝，一想到我的餘生就這樣被困住、動彈不得，我就無法忍受。	
我該去看醫生了。我的胸口痛個不停，但一想到必須接受檢查、戳刺，實在提不起勇氣。說不定只要放著不管，事情就會自行解決。	
我的兒子和女兒都在吸毒，情況十分不妙。我不知道該怎麼辦，也不知道該怎麼幫助他們。這一定是我的錯，天底下有哪種母親會讓兩個孩子都吸毒？大家一定認為我是一個糟糕的人。	
我早就知道我是同志，但我從未告訴任何人。我的家人非常保守，我認為他們不會接受這一點。我不知道該怎麼辦，我厭倦生活在謊言中的感覺。	

簡述語意雖然重要，但它只是眾多諮商技巧之一。簡述語意著重於話語的內容和意義，如果過度依賴簡述語意而忽略了其他技巧，恐使對話停留在表面，無法聽到和回應對方的感受和情緒，使得情感表達受阻。

情感反映

對方述說的內容雖然重要，但除了傾聽之外，我們還要探索和理解他的感受。聽故事比聽出對方的苦惱、痛苦和悲傷要容易得多。**情感反映**（reflecting）類似於簡述語意，但簡述語意偏重於內容，而情感反映則側重於情緒，讓對方知道你理解他們的感受。如同前述提及有關傾聽的障礙和其他無益的反應一樣，我們常不自覺地以建議、迴避、忠告、拯救、批評、安撫和照顧等不勝枚舉的方式處理情緒，想藉此擺脫痛苦的感受。情感反映可以幫助我們與他人的情緒同在，而不至於讓自身的反應和感受從中作梗。

服務對象：我受不了了，真的受夠了，他怎麼可以這樣對我，我的心都碎了。

助人者：這真的讓人痛不欲生。

情感反映完完全全地認可且尊重情緒。與簡述語意不同的是，情感反映既要捕捉非語言線索，也要捕捉語言訊息。肢體語言和非語言行為，往往比說出口的話語，蘊含更多的訊息，但很容易被錯誤地解讀、妄加臆斷和胡亂猜測。在學習情感反映之前，實有必要花些時間研究非語言溝通。

注意到對方的肢體語言或非語言行為後，首先是簡單地說出你的觀察結果，而不是斬釘截鐵地指明它的意思。舉例來說，最好的說法是：「當你談到媽媽時，你把頭埋進手裡。」而不是：「當你談到媽媽時，你把頭放在手上，好像很生氣。」對方可能是生氣，也可能不是，我們還不確

定。目前只看到他把頭埋進手裡。說出觀察後,再溫和地詢問對方的感覺或肢體語言,例如:「當你談到媽媽時,你把頭埋進手裡,看起來情緒好像有些複雜。」給對方進一步解釋的機會。在使用諮商技巧時,少即是多。但面對對方的痛苦時,我們常覺得做得不夠多或不夠好。諮商技巧訓練的目標之一就是學習信任歷程和技巧,以及信任你自己和對方。這可是一項艱巨的任務。

如前所述,情感反映關注並傾聽情緒,而不僅僅是內容。憤怒、失望、沮喪、內疚、羞愧、恐懼、喜悅、得意、厭惡等情緒,都需要仔細聆聽。諮商技巧就是要用來探索、理解和接受各種情緒,協助對方處理情緒。接受所有的情緒——無論是正面的、負面的或不堪的情緒——是很重要的。如果你覺得某些情緒是難以接受或「不好」的,都會讓對方覺得是不是不該有某些想法或情緒,而無法敞開心胸跟你談論他們的真實情況。

💬 無論是正面的、負面的或不堪的情緒,都能在這裡得到接納

如果你對某些情緒不太自在,原因和反應都在於你的內心,與對方無關。情感反映時,你就像是對方面前的鏡子,單純地映照出他們的情緒。如果他們覺得難過、眼眶含淚,硬是在他們面前強顏歡笑不但無濟於事,還可能會讓對方感覺更糟。

💬 情感反映的功用

情感反映之所以能起到助人的效果,原因如下:

- 對方知道他們的感受有得到傾聽和理解。
- 情感反映採取不批評的態度,提供同理心和接納。
- 情感反映協助對方理解他們的處境和感受。
- 情感反映可以安撫和正常化對方的感受,他們不會因為有這些情緒

而覺得自己奇怪或可怕。

身為人類，我們慣於認定自己的感受有問題。情感反映接受和認可對方的情緒。重要的是，如果有人願意分享他們的感受，我們不要嚇得落荒而逃⋯⋯除非對方是食人族，叫囂著要吃掉你！此時你當然可以尖叫著跑出房間，但這應該是唯一的例外☺。

情感反映小秘訣

- 自然不做作——不需要假裝自己是專家。
- 傾聽基本訊息——思考對方表達的感受和含義。
- 使用簡單的詞彙回應。
- 留意非語言和語言線索，驗證你的回應是否準確。
- 核對你所反映的內容是否正確。但請注意，有些人會附和同意你的說法，因為他們很難堅定地說你錯了。
- 營造一個安全和平靜的空間，保持誠實和開放的心胸，坦然地應對錯誤。
- 不要問不必要的問題。
- 不要加油添醋或任意刪減對方的意思，好好關注對方的感受。
- 不要為了避開不舒服的感覺而改變話題或轉移注意力。
- 不要岔開對方的話題。
- 不指導也不下評斷。

Carl Rogers 寫道：

當對方受傷、困惑、煩惱、焦慮、疏遠、恐懼，或對自我價值產生懷疑、對身分認同不確定時——此時最需要的就是理解。

一個有同理心的人，其溫柔而敏感的陪伴……提供了啟發和療癒。在這種情況下，我相信深刻的理解是一個人可以贈予另一個人最珍貴的禮物（Rogers, 1980, pp. 160-161）。

他接著說道，情緒得到回應的人，將能得到：

被深刻理解的滿足感，進而願意表達更多的感受，最終「直搗問題的核心情緒」。（出處同上）

非語言溝通

非語言溝通或肢體語言的類型不計其數。肢體語言和非語言行為實際上占了溝通的很大部分，有些甚至是普世通用的線索，例如：微笑、點頭、揮手等。有時僅靠觀察非語言線索和肢體語言，即可瞭解他人的情緒。你是否曾有過走進一個房間，即使沒有任何一個人說話，也能感受到房內氣氛的經驗？不過，非語言線索並非通行全球。我們是一個多樣化的族群：文化、性別、年齡、性取向和族裔只是其中一些影響語言和非語言溝通方式的因素。以下介紹一些非語言溝通的表現。

臉部表情

毋須隻字片語，人類就能傳達出無數的情感。與某些非語言溝通不同的是，人類的臉部表情大同小異。Darwin（達爾文）（1872）指出，有些臉部表情是普世皆同的。1960 年代，Tomkins（1962, 1963）證實某些臉部表情的普世性，得到許多研究的支持。但 Ekman、Friesen 與 Ellsworth（1972）駁斥上述說法，他們認為每種文化對臉部表情自有一套解釋意義。

簡而言之，多方強有力的證據顯示，人類具有憤怒、輕視、厭惡、恐懼、快樂、悲傷和驚訝等七種普世情緒的臉部表情。你對此有何看法？同意還是反對？

💬 肢體動作和姿勢

包括坐、走、站和移動等方面，以及姿勢、舉止、站姿和各種細微動作。我們常錯誤解讀他人的肢體語言，例如：將大聲踏步、快步向前、蓄意做出某些動作的人，解讀為憤怒或具有攻擊性，但他也有可能是看似自信，實則膽怯、焦慮或壓力大的人。

💬 手勢

在激烈爭論或說話時，我們會揮手、指來指去、招手示意或做任何手部動作。有的人說話時手部動作表現豐富，有的人則完全木然不動。手勢通常是下意識的反應，超出意識覺察之外。手勢的文化含義大異其趣，某種手勢在一個文化中是讚美，在另一個文化中可能是侮辱。

💬 眼神接觸

這是另一個文化差異極大的非語言溝通元素。有時直視對方的眼睛是想表示尊重，但也有可能冒犯對方。無論文化背景為何，對某些人來說，保持眼神接觸令人渾身不舒服，勉強他們回視可能造成反效果。有意思的是，眼神可以傳達出千言萬語，包括：感興趣、深情、敵意或誘惑。在適當的情況下，眼神接觸有助於瞭解對方的話語內容和情緒、維持對話流暢、核對投入的程度和舒適度。

💬 碰觸

我們透過碰觸傳遞許多訊息。無力的握手、擁抱、拍頭或被抓住手臂，所傳達的訊息截然不同。碰觸是十分敏感的議題，在諮商中使用時必須謹慎考慮。碰觸可以撫慰人心，但也可能讓人誤解其意而退避三舍，甚至驚懼害怕。

💬 空間距離

這是第 2 章傾聽技巧中提到的重要問題。你是否曾在談話過程中，因為對方靠得太近而覺得不舒服？我們都需要物理空間，但對物理空間的要求，因個人、情境和關係的密切程度而異。物理空間可用來傳達許多不同的非語言訊息，例如：親密、敵意、情感、攻擊，或涉及到權力和控制議題。

💬 語音

溝通往往不在於話語內容，而在於**怎麼說**。語氣傳達的訊息，不比實際說出口的話語少，可見語氣的重要性。嚴厲的語氣令人卻步不前，溫暖的語氣則讓人放鬆安心。另外，說話的時機、語速、音量和語調的抑揚變化等，都是需要留意的面向。

溝通須結合各種訊息，包括：語調（Paulmann & Uskul, 2014）、肢體語言（Aviezer et al., 2012）和情境線索（Aguert et al., 2013），據此理解對方的想法和感受。多數的非語言溝通並沒有放諸四海皆準的規則，因此更容易讓人依當前和過去的經驗做出假設。此外，我們也要留意語言和非語言溝通的不一致之處，例如：說話的同時，肢體語言卻有別的含義嗎？嘴上說「是」，但卻搖頭表示「不同意」？注意到這一點會有幫助：「耐人尋味的是，嘴巴說的是一回事，但肢體語言似乎又是另一回事」。

經典電視遊戲節目 *Catchphrase* 的主持人會邀請參賽者:「說出你所看到的。」這句話同樣適用於諮商技巧:

說出你所看到的,而不是你以為你看到的。

(Say what you see, not what you think you see.)

活動 3.1 | 我突然失聲了

試玩下面這個有趣的活動,你會發現許多溝通都是在非語言的狀況下進行的。

假裝你完全失去聲音一整天的時間,所有的互動和對話都必須在不使用聲音的情況下進行。也不允許你作弊和寫下任何東西!在一天結束後,反思以下幾個問題:

- 不能用語言溝通,你的感覺如何?
- 你能把自己的意思表達清楚,讓別人理解你嗎?
- 你有辦法在這樣的情況下,滿足你的需求嗎?
- 沒有聲音要怎麼跟別人溝通呢?
- 哪種非語言溝通方式最有效:臉部表情?還是身體動作和手勢?
- 你從這次的活動中學到什麼?

大聲喧嘩反而難以入耳(Ralph Waldo Emerson, n.d.)。

非語言溝通的文化差異懸殊:在某些文化中傳達正面情感的意思,在其他文化中卻是莫大的侮辱。以下舉例說明非語言溝通如何被誤解為其他含義。

眼神接觸

眼神接觸對不同文化的人有不同的意義。年齡和性別就是會影響其含義的兩個變項。眼神接觸時間長短以及由誰先注視，在某些文化／國家中具有特殊含義。在一些亞洲文化中，避免眼神接觸是向對方表示尊重；在迦納，兒童若敢直視成人的眼睛，表示有反抗挑釁的意味；在北美，眼神接觸是用來表示你我的位階平等。世界各地的眼神接觸含義天差地別，須花點時間研究深思。

💬 建議眼神接觸的國家／地區

英國：眼神接觸是信任和開放的信號。迴避眼神接觸可能是狡猾、不誠實，甚至撒謊。

美國：眼神接觸表示願意繼續對話，但不宜直視對方太久或太強烈。

澳大利亞：眼神接觸意味著誠實和信任，但不宜過度。

希臘：眼神接觸表示感興趣、誠實和真摯，缺乏眼神接觸會讓對方不安。

法國：直視對方是極為理想的舉動，中斷眼神接觸則是粗魯的表現。

💬 不建議眼神接觸的國家／地區

中國：眼神接觸代表憤怒或蔑視。

日本：眼神接觸是粗魯的行為，兒童僅可將目光放在交談對象的脖子位置，避免瞪視。

越南：眼神接觸是散發魅力的方式之一，但與同性眼神接觸很可能會引發爭吵。

柬埔寨：女性與男性交談時應注視地面。一般情況下，眼神接觸是無禮不尊重的行為。

💬 視情況眼神接觸的國家／地區

伊朗：不同性別之間不宜眼神接觸，應該低垂目光。同樣地，年輕人不可正視長者的眼睛，但是可以與朋友和家人的目光接觸。

印尼：不宜與當權者的眼神接觸，但在其他對話場合，只要不是直視過久，還算可以接受。

肯亞：在這個幅員遼闊的國家，眼神接觸難有一致的定論。與城市相比，農村地區較不接受眼神接觸。

上面的例子清楚說明在溝通時眼神接觸須謹慎應對的國家／地區。最保險的做法就是模仿對方，依照對方的樣子行事，而非心存定見或胡亂猜測。你的眼神接觸經驗又是如何呢？

碰觸

前面談到碰觸須顧及的情感因素，此外還有文化和地理因素的考量，例如：

- 在北美，碰觸兒童的頭部是適當的行為，但在亞洲則十分不妥，因為頭部是身體的神聖部位。
- 在美國和英國，有力的握手是合乎禮儀的問候方式，相當於法國的親吻雙頰。

碰觸的性別議題，不同國家和文化有不同的考量。在助人關係中，基本原則是不碰觸。然而，某些職業（例如：看護和護理），當然免不了身體接觸。任何的身體碰觸，即使本意良善，也應符合該專業適用的技術範圍，而非任意為之。你的碰觸經驗又是如何呢？

手勢

簡單的手勢也有特殊意涵。將拇指和食指連成圈狀，其餘三根手指舉起（OK手勢），可能的意思有：

- 在美國，表示這是可以接受的情況。
- 在日本，意思是「錢」。
- 在法國，意思是「零」（或「一文不值」）。
- 在東歐某些地區，這有粗魯而不雅的意味。

一個小小的手勢，含義卻是各自表述，不勝枚舉。

臉部表情

和手勢一樣，臉部表情的含義不計其數。在拉丁美洲，眨眼有調情的意味，通常是性邀請；在中國，擠眉弄眼是粗魯無禮的行為；尼日的尤魯巴族（Yoruba）則用眨眼示意孩子離開房間。

姿勢

在助人工作中，建議盡可能保持開放的姿勢，也就是不要交叉雙腿雙臂。某些阿拉伯文化國家的人民不會翹腿坐著，以免露出看起來髒兮兮的鞋底。雙手放在臀部站立的美國人欲藉此傳達出他的力量和能力，但做同樣動作的阿根廷人，是在暗示他的不悅和異議。

關於姿勢的話題，三天三夜也說不完。當作諮商技巧使用時，須留意彼此的差異性和多樣性，不要假設其他人的非語言溝通含義與我們相同。要不時地核對檢查，而不是先入為主。**這個姿勢對你意味著什麼？你覺得**

可以接受嗎？與不同的人溝通時，抱持多觀察、學習的好奇和開放態度，而不是急於提出一連串想當然爾的看法。

摘要

摘要（summarising）就像簡述語意和情感反映的擴充版，通常用於晤談快結束時，以總結談話內容。摘要有助於將已討論的不同事物串聯起來，並認可已分享的不同感受。摘要也可以用在晤談中段，協助對方定調談話主題的焦點或優先順序，例如：「你談到許多事情：姊姊、工作、對大學同學的感受，也談到你想減肥。你想先談哪一件事？我們該從哪個話題開始？」摘要不應只是簡單地列出晤談內容或逐字複述對方的話語，而是要將對話內容統整歸納，讓服務對象覺得他說的話得到傾聽和理解。

摘要也有助於為諮商結束做準備，放慢晤談節奏和情緒強度，確保服務對象已準備好離開諮商室去面對外在的世界，而非完全地脆弱無助、毫無防備能力。

💬 摘要的可行說法

以下是一些可供參考的摘要說法：

- 我們今天的晤談時間即將結束，我想總結一下談過的內容，以確保我有聽懂你的話。
- 你談到了……，我說得對嗎？你說到幾件不同的事情，哪件事情最急迫？
- 你談到假期的安排，這讓你想起年輕時候一些羞愧和背叛的痛苦感覺，這兩種感覺搞得你心煩意亂。今天的談話即將結束，我想知道你接下來會如何好好照顧自己。

- 謝謝你今天與我分享許多事情，包括你躍躍欲試地準備展開新事業。你對未來鬥志高昂，希望我們的晤談能幫助你走在正軌，如果進展未盡如意，也要提醒你不忘初衷，是嗎？
- 所以你覺得……，還有你提到的其他事情，例如……，是不是這樣？
- 你談到做決定是多麼困難。一方面，幾乎所有的一切都指向你該說「是」，另一方面，也有一些理由表明你應該說「不」。這些拉扯讓你進退兩難，不知道要往哪裡去？
- 你談到你對某位同事的感受，對於你所受到的對待十分生氣，因為這讓你想起了在學校被欺負時非常痛苦的時光。我說的對嗎？

摘要是結束助人談話時最萬無一失的諮商技巧，談話開始混亂或繞圈子時，也可用摘要重新聚焦。

學習手記

回應技巧

　　學習回應技巧時，真的是說來容易做來難。在上這門課之前，我以為諮商技巧就是提供建議並為服務對象指明正確的方向。現在我才知道我要學習的技巧，是要幫助人們找到自己的解決之道和前進的方法。

　　如果我提供建議，這會讓我看起來好像是個專家，實際上那是剝奪服務對象的權力。最重要的是，以為我知道什麼對對方最好，這是相當傲慢的想法。如果有人正在做我認為對他們不好的事情，我以為正確的做法是設法讓他們停止，但這麼做也不盡然能派上用場。最近我的親身經驗是：我有一個好朋友，她自從失戀分手後，一直藉酒消愁。雖然我運用傾聽技

巧聆聽，但還是覺得必須再多做一點什麼，想方設法說服她不要喝那麼多酒。這似乎奏效了，她告訴我她有減少喝酒的量，心情也好多了。幾週後，我在一家酒吧看到她喝得酩酊大醉，她姊姊告訴我她變本加厲地喝酒。當我質問她這件事時，她說她不得不對我撒謊，好讓我閉嘴，因為我給她很大的壓力。雖然我是想幫她，但實際上是讓事情變得更糟。對她施加壓力的我不再是支持者，而是成了對立的一方。她覺得我在評價她，無法告訴我實話。她需要的是有人傾聽並陪在她身邊，不需要做任何事，只要我能夠坐在她身邊並理解她。這是個重要的教訓，我希望當我又有衝動想告訴別人該做什麼時，我能謹記在心，不再犯同樣的錯。

我一直在日常對話中練習簡述語意，希望能越來越熟稔這種溝通方式。一開始我顯得很笨拙，忙於一字不漏地記住對方的話。為了用不同的詞語簡述給他們聽，我反倒錯過了很多對方說的話。等到我想出如何簡述他們的話時，對話已經展開到跟我精心構建的簡述語意無關的方向。幸好，我越來越熟能生巧、貼近真實，而不是呆板和勉強。起初，我認為簡述語意有點浪費時間，擔心對方會認為我重複他們的話是在打發他們，但結果出乎意料的好。我發現，對方聽到我簡述語意後，往往會更願意敞開心胸繼續交談。我認為簡述語意能讓別人知道你和他們在一起，帶著理解和興趣與他們同行。

沉默是個難度很高的技巧，直到現在我才把它當作一回事。以前的我認為沉默是壞事，應該盡快填補空白。現在，我開始懂得分辨有益的沉默和糟糕的沉默。糟糕的沉默是指我的腦筋打結、不知道該怎麼辦、內心恐慌不已的沉默。其他時間的沉默雖然讓人不安，但我仍覺得我和對方有連結。那種感覺很難說明清楚。糟糕的沉默感覺就像兩個人各懷心思坐在同一個房間裡，有益的沉默則像我們一起思考同一件事。思考為什麼沉默對我來說這麼難，是一件好事。我會對沉默這麼抗拒，是因為我覺得應該做

點什麼,靜靜地坐著什麼都不做要怎麼幫助人?我應該做點什麼、說點什麼,並提供點幫助。很難相信光是靜默坐著能幫上什麼忙。

教師的回饋

你那段描寫嘗試學習簡述語意技巧的內容令我捧腹大笑。就在你想出完美的回應時,那一刻溜走了……為時已晚,只能望而興嘆。

很高興聽到你在日常生活和人際關係中練習回應技巧。容我提醒你一句:把握各種機會練習技巧,但不要承擔每個人的需求和問題。你的自我照顧和身心健康必須放在首位,請注意施與受的平衡。我想多瞭解你的人際關係模式,你是否傾向於付出?或接受別人的付出?通常是由誰來釐清並解決問題的?我認為隨著課程進行,方向將會越來越明朗。

沉默是一個具有挑戰性的技巧,這對雙方來說可能都不舒服,但它提供了反思的禮物和時間,來接觸可能隱藏在日常生活喋喋不休中的感受和記憶。

Rumi(魯米)說過:你越安靜,聽到的訊息就越多(the quieter you become, the more you are able to hear)。

沉默

將沉默視為一種諮商技巧似乎有點奇怪,但如果以細膩和適時的方式使用得當,沉默會是重要且有用的技巧。對沉默的感覺因人而異;有些人自在,有些人非常不舒服。正是這種不適導致助人者用問問題、給建議和忠告等來填補沉默,而這些都是無濟於事的做法。

> **活動 3.2 ｜ 沉默**
>
> - 你對沉默有何看法？
> - 當你的助人晤談過程陷入一片靜默時，你的想法和感受是什麼？
> - 面對沉默時，你會做什麼和說什麼？
>
> 　　在下面的空白處畫一張圖畫、圖表、心智圖或拼貼畫，說明沉默包含的內容。沉默中隱含著哪些想法和感受？

　　靜坐不語時，我們常有想要打破沉默的衝動——但沉默可是一個具有非常強大威力的技巧。

沉默：

- 可以幫助對方探索自己的內在真實感受。
- 可以留出時間一起思考和整理思緒。
- 推動助人歷程前進，留給服務對象時間說出以前從未說出口的事情。
- 邀請服務對象承擔責任，善用晤談時刻。
- 給予服務對象時間來決定他們想談什麼。
- 是一種親密的體驗，需要信任才能停留在沉默時刻。
- 無聲勝有聲；在沉默中更能聽見感受。

- 可以是相互共鳴和善體人意的時刻，也可以是令人恐懼和焦慮的時刻。
- 時間拉得太長就會無益且無效，徒留服務對象待在沉默中漫無目的地胡思亂想。
- 時間感扭曲；30秒的沉默感覺就像永恆。

與所有的諮商技巧一樣，時機很重要。助人者需注意何時使用沉默，以及沉默應持續多久。沉默是要給服務對象足夠的反思時間，但又不至於讓服務對象困在其中難以跳脫。

正如George與Cristiani（1995, p. 28）所言：「沉默向服務對象傳達了一種真誠而深度的接納。」

問問題

問問題（questions）可說是諮商技巧中的辣椒，使用時需小心拿捏，但如果使用得當，它們帶來的價值會讓你驚呼，如同菜餚得到提味一般，還能催化改變。問問題的風險是，助人者可能會因為想不出要說什麼而問問題，或覺得光是坐在那裡陪伴服務對象停留在痛苦和憂傷中太難了，所以只好問問題。一個好的問題就足以帶對方抽離情緒，來到以內容為主的談話。

💬 開放式問句與封閉式問句

封閉式問句（closed question）基本上指的是回答「是」或「否」的問題。這些問句通常是事實調查問題（fact-finding questions），目的是找出特定原因、探求特定訊息，例如：醫生詢問健康相關問題，以判斷患者有何不適及需要什麼藥物。

- 你今年幾歲？
- 疼痛是在胸前還是胸後部位？
- 你有發燒嗎？
- 呼吸時會痛嗎？
- 你有氣喘病史嗎？
- 你最近感冒了嗎？

封閉式問句聚焦在助人者想知道什麼，而非服務對象想談什麼。

開放式問句（open questions）是用來邀請對方談話、開啟和探索問題。開放式問句的重點是服務對象的議題，而不是助人者想談的議題。只要不過度使用，開放式問句不失為一個實用的諮商技巧。例如：助人者詢問服務對象今日的狀況：

- 你對約翰所說的話有何感受？
- 你說你想要更多的自主性。你可以做些什麼來提高你的自主性？
- 你喜歡逛街的原因是什麼？
- 你不喜歡待在人群中的原因是什麼？
- 你今天想談什麼？
- 你為什麼要這麼做？

「如何」（how）的問句通常是邀請對方談論他們的感受。「什麼」（what）的問句可以帶出更多事實和細節。「何時」（when）的問句通常與問句或情況發生的時間有關，有助於從情境脈絡來檢視某些想法和感受。「哪裡」（where）的問句通常與事件發生的背景、情境或地點有關。「為什麼」（why）的問句是想請對方深入回答與事件、感受或情況有關的訊息。「為什麼」的問句很難回答，有時連我們自己也不知道為什麼做或說某些事情，因此「為什麼」的問句恐容易引起他人的不悅及不快，升起防

備心或擔心,自我辯白或合理化,將助人者的問句視為批評或評價。一般說來,最好避免問「為什麼」的問句。

> **活動 3.3 | 問句的類型**
>
> 　　表 3.2 為問句的類型列表。首先,指出問句是開放式問句或封閉式問句。接著,在最後一欄中,寫出一個相反類型問句的例子。亦即,若原本的問句是封閉式問句,則寫一個相同意思的開放式問句,如第一個範例所示。

表 3.2 活動 3.3:問句的類型

問句	類型	相同意思的開放式問句或封閉式問句
你想要出門旅行嗎?	封閉式	你通常都怎麼安排假期?
對於浮潛,你有什麼想法?		
你什麼時候去馬爾他島的?		
你得過幾次流感?		
德國在哪裡?		
為什麼你不喜歡看電視?		
你希望怎麼過生日?		
你是怎麼辦到的?		
你想要吃個三明治嗎?		
你最喜歡什麼顏色?		
你為什麼喜歡早睡?		
你喜歡豆子嗎?		

如前所述，問題也有一些風險：

1. **轟炸／拷問**：過於依賴問題，給人一種想掌控一切的感覺，但對服務對象毫無助益。這不是節奏良好的助人晤談，而是變成一場審訊。在這種情況下，助人者變成晤談的主導者，決定服務對象需要談論的內容。助人晤談變成一個接著一個的問題轟炸，沒有空間讓服務對象談論和探索感覺與處境。
2. **指導性的封閉式問句**：將建議暗藏在問句中，並將助人者的意見強加給服務對象。例如：「你不認為應該去找份工作了嗎？」「要不要改吃健康食物，而不是你吃的那些垃圾食物？」「如果你再用功一點，你不覺得你會過得更好嗎？」
3. **文化考量**：不同文化背景的人可能以不同的方式回應提問。有些文化認為問問題無可厚非，是正常且可接受的；其他文化則認為問問題很煩人，甚至粗魯且無禮，故必須特別注意差異性和多樣性。
4. **愛管閒事地問東問西**：這是助人者出於好奇，而不是為了服務對象的利益而想知道的訊息。
5. **「為什麼」的問句**：這些問句會讓人覺得具有攻擊性和侵犯性，最好避免問：「你為什麼要那樣做？你為什麼不停止吸毒？為什麼不考慮後果？」

活動 3.4 ｜ 問問題

找一整天的時間，不問家人、朋友和同事任何問題，並記錄你的感受。

- 你覺得這個活動如何？
- 你為什麼要問問題？
- 問問題有什麼好處和缺點？

- 你如何能在不問任何問題的情況下度過這一天？
- 在不問問題的情況下，你和他人是如何互動的？
- 如果不小心問了問題，你問了哪些類型的問題？為什麼要問這些問題？這些問題如何發揮作用？
- 進行這個活動時，你有哪些感受？
- 你現在對問問題有何看法？
- 你對上述問題有何看法？

以下是一些有助於開啟助人對話的開放式問句，例如：

- 是什麼讓你願意來到這裡？
- 你希望我們的晤談可以達到什麼目標？
- 目前的生活中有哪些事情難以應付？
- 從你的角度來看，問題在哪裡？
- 你的問題讓你感覺如何？
- 你現在的想法和感覺是什麼？
- 總結來說，你會如何描述目前的情況？
- 如果可以揮舞魔杖，你想讓生活發生哪些正向的變化？
- 你認為怎樣做才能讓你感覺更好、更快樂、更滿足？

其他回應技巧

💬 重述

重述（restatement）是最簡單的回應技巧，也就是複述服務對象實際

說出的一、兩個詞語,重複對方話語中相關和重要的部分。

服務對象：我很不快樂。
助人者：你不快樂。

服務對象：我想要一雙紅鞋。
助人者：你想要一雙紅鞋。

服務對象：我愛他,但我覺得我不能和他在一起。
助人者：你覺得不能和他在一起。

重述可以促進澄清,保證你正在傾聽對方並與對方同在。重要的是抓住話語內容的本質再重述。重述應該謹慎使用,避免聽起來像是鸚鵡學舌,惹人厭煩。

自我揭露

如果問題是諮商技巧中的辣椒,那麼自我揭露就是諮商技巧中的卡羅萊納死神辣椒（Carolina Reaper pepper）——只能在極少數情況下謹慎小心地使用。**自我揭露**（self-disclosure）是指助人者談論自己的個人經驗、感受和想法。重要的是檢查自我揭露的動機;它必須是以服務對象的利益為出發點,以對服務對象有幫助為前提。助人者必須能夠解釋他們為什麼自我揭露,以及為什麼對服務對象有用。

Zur（2011）提醒使用諮商技巧的社會工作者：

為了服務對象的利益而進行的適當自我揭露,以及在社群中不可避免（非傷害性）的自我揭露都是跨越界線（boundary crossings）。不適當的自我揭露,例如：為了助人者的利益、違反臨床指示、帶給服務對象不必要的訊息負擔,或者角色反轉,

造成服務對象須照顧助人者等不適當的自我揭露，則是侵犯界線（boundary violation）（Zur, 2011, p. 1）。

Newman（2007）提出以下值得自我反思的問題：

- 滿足了誰的需求？是你的需求還是服務對象的需求？
- 你是否釐清並界定你的角色？
- 你在自我揭露嗎？
- 為什麼需要使用這個技巧？

自我揭露在某些情況下能發揮莫大的作用。知道他人也曾有過類似的經歷或反應，可大幅降低羞愧感和孤立感，打破「唯一」（the only one）的神話。就問題解決面向而言，與服務對象分享你的成功經驗，類似於提供建議，並假定你的成功經驗對服務對象也會有用，而施加給對方過大的壓力，讓他們以為得追隨你的想法和腳步；如果做不到，他們可能就會覺得自己是個失敗者。

在決定是否自我揭露之前，請考慮以下的優點和缺點。

優點

- 建立更為緊密、友善和信任的關係。
- 認可和正常化服務對象的處境。
- 建立平等關係，挑戰權力不平衡。
- 提供歸屬感，挑戰孤獨感或「唯一」的迷思。
- 樹立榜樣。

缺點

- 侵犯界線，可能損害專業關係。
- 改變工作關係，轉變為更像友誼的關係。

- 將焦點從服務對象身上移開。
- 導致角色互換和混淆，讓服務對象轉而同情助人者。
- 增加服務對象的負擔，停止談論自己的痛苦和問題。
- 可能會讓服務對象覺得被冒犯和有苦難言。
- 「施壓」於服務對象，在他們還沒有準備好時被迫坦露自己。
- 將助人者暴露於脆弱境地，難以重新建立界線。

活動 3.5 ｜ 自我揭露

每個人都是與眾不同的個體、每種情況都是獨一無二的境遇。沒有一式一樣的助人歷程，也沒有固定的回應和方法。

- 你對上述說法有何看法？
- 你對自我揭露有何個人看法？
- 想出至少一個自我揭露可能會有助益的情況。
- 你是否曾經與某人分享過你的經驗，並得到正面的結果？
- 你是否曾經與某人分享過你的經驗，但卻得到負面的結果？
- 有專業人員向你揭露過自己的情況嗎？詳細情形如何？
- 如果你正在考慮自我揭露，請先暫停，並問問自己為什麼要這麼做。
- 如果你決定自我揭露，務必長話短說，不要透露太多具體的細節。
- 明確表示你只是在談論個人的經驗，不是給建議或指導。這只是你的個人意見，並非對每個人都適用。
- 想想你的揭露是否與你正在協助的服務對象有關。
- 想想後果。會不會走錯方向？會不會過於沉重、擾人等等。
- 你是否樂意自我揭露？或者你會自我揭露，是因為你覺得自己的經驗就是你所能提供的全部協助？

💬 立即性

　　立即性雖不如簡述語意、情感反映和開放式問句那麼出名，但在正確的時機和情況下使用，是個挺有意思和有用的諮商技巧。**立即性**（immediacy）是指注意到助人者和服務對象之間正在發生的事。這可是需要勇氣和誠實才辦得到，因為助人者必須辨識與談論困難和具有挑戰性的話題。透過助人者的直覺和敏銳地覺察當下發生的事情，助人者和服務對象就彼此的感受及工作內容進行對話。因此，立即性具有犯錯和破壞關係的風險，必要時，助人者須承認錯誤。恰如其分地溫和解釋使用立即性技巧的用意，比較能讓服務對象接受。但如果服務對象否認或反對，爭論或強迫對方同意是不可取且適得其反的。

　　以下是一些立即性回應技巧的範例：

- 當我談到動機和改變時，你把目光移開了，你的下巴向內縮了一下。我想你是不是因為我提出一個你不想談論的話題，而在生我的氣。
- 你剛才深深地嘆了一口氣，我想知道你現在有什麼感覺。可否請你告訴我，你是否覺得我無法勝任，是在浪費你的時間？
- 你從未正眼看我。我知道你與上一位助人者的關係很好，也許我是一個效能不佳的替代品。
- 我覺得很挫折，想知道你現在的感受是什麼。

　　立即性與此時此刻及助人關係息息相關、密不可分。它指出當下任何認知失調的狀態──話語內容與行為表現之間的差異。就像自我揭露一樣，立即性要以服務對象的利益、深化和支持助人關係為優先。看到不一致後，服務對象可能會覺得受到傷害或攻擊，因此應以敏感、溫和且謹慎的語氣表達立即性。當助人者與服務對象工作一段時間，並建立好信任與

安全的關係時，此時的挑戰和探索才不會讓服務對象有被批評和攻擊的感受，此時的立即性效果最為顯著。

根據 Egan（1998）的說法，立即性不僅能消除誤解，還是一個寶貴的學習經驗。為避免傷害服務對象，助人者要有足夠的自我覺察，才能準確地識別自己對服務對象的個人感受、想法和行為，以及具備識別服務對象對助人者的感受、想法和行為的準確洞察力。接著，助人者需具備勇氣和意願來討論和探索助人關係中發生的事情。立即性是相當深奧的諮商技巧，使用前須累積一定的經驗，才不至於弄巧成拙。

輕微鼓勵

最後一個諮商技巧非常簡單——事實上是最簡單的——也就是**輕微鼓勵**（minimal encouragers）。輕微鼓勵是助人者用來鼓勵對方說話的隱微姿勢和舉止。它們讓談話順利進行，但不至於被助人者過多的介入而打斷。它們讓服務對象知道助人者正在傾聽、跟隨他們所說的話；讓服務對象知道助人者與他們同在，並準備好聆聽他們在說什麼。助人者透過輕微鼓勵，持續地傳達出對服務對象的話語內容感興趣。

輕微鼓勵的範例如下：

- 「是的」
- 「好的」
- 臉部表情
- 手部動作
- 「嗯哼」
- 「不」
- 「我懂你的意思」
- 「嗯」

一學就上手的諮商技巧

・沉默，搭配感興趣的臉部表情、點頭或開放的姿勢（Young, 2005）。

輕微鼓勵看似微弱，實則威力強大；無若有、虛若實，使用起來看似不費功夫，實則作用無窮。

當然另外還有其他的回應技巧，但本章介紹的重要技巧主要是為讀者準備一個工具箱，用來提供他人支持和關懷。與其他工具一樣，這些技巧需要定期使用才能發揮最大功效，還需要悉心保養與妥善保管，才能保持效用。我們越加練習，就越得心應手；對工具的運作原理和用途瞭解得越多，就越有信心選擇正確的工具。有些工具要與其他工具搭配使用，因此我們也可以與同儕、家人和朋友一起探索和實作。首先，從簡單的、就你所知所學的技巧開始練習。醫學系學生不應執行腦外科手術，使用諮商技巧也是如此。

Chapter 4

諮商技巧與助人歷程

一學就上手的諮商技巧

　　諮商技巧訓練提供初學者學以致用的機會。技巧訓練也把重點放在助人歷程，以及助人者催化歷程初期、中期和結束的能力。技巧訓練過程通常以三方訓練的方式進行，訓練過程包含三個角色：

- 助人者
- 服務對象
- 觀察者

　　助人關係由助人者和服務對象組成，觀察者就助人晤談歷程向助人者提供回饋。觀察者可以是同儕或教師。技巧訓練也有助於增強助人者與他人合作的能力，他人的回饋就像一面鏡子，幫助我們看到自己可能沒有意識到的部分。

學習手記

　　這週是三方訓練的第一週，我的心裡忐忑不安、七上八下。以前我從來沒有聽過「三方訓練」這個詞，這其實就是三個人一起合作的團隊。今天，我們要開始練習助人晤談。這三個角色分別是助人者、服務對象和觀察者。換句話說，先由兩個人扮演助人者和服務對象，另一個人擔任觀察者並提供回饋。我很樂意扮演服務對象——如果我不是被觀察的人，要我說什麼都行。

　　我發現觀察者不好當。我不喜歡提供回饋，一方面是不想留下動不動就批評人的印象，況且我覺得自己不夠格給回饋，因為我懂的並沒有比別人多。我可以告訴別人做得好的地方，但指出別人做不好的地方真的很難。我早就瞭解自己這一點，我本來就很難告訴別人我不喜歡他們正在做

的事情。不過，我也知道提供有用且誠實的回饋很重要。我不想被人家說我很沒用，但我的確想知道我做得好的地方以及我需要改進的地方。如果只得到正面的回饋，我就會繼續安逸度日，以為天下太平，但事實並非如此，而且這樣一來我也學不到什麼東西。知道這一點有助於我克服擔憂，盡可能誠實地提供回饋。今天觀察 D 時，我注意到當 H 談到她十幾歲的兒子對待她的方式讓她多麼受傷時，他有點失焦。D 的回應是 H 聽起來好像對她所受到的對待很生氣，但 H 不是這個意思。提供回饋時，我說 D 沒有注意到 H 受傷的感覺，我也稱讚 D 說他的晤談開場做得很好，最後的摘要也及時完成，讓晤談安全結束。告訴 D 我的回饋後，D 頓時沉默不語，一言不發，我覺得很愧疚。

　　當天課程結束前的團體分享，D 提到技巧練習對他很有幫助，還說他很謝謝得到的回饋，這讓他覺察到自己的「議題」如何捲入到助人工作中。他（用他的話說）從十幾歲開始就很叛逆，在很多場合對他媽媽很不客氣。他記得她很生氣，也痛苦地回想起他有多傷害母親，這就是為什麼他在助人過程中反映了 H 的憤怒，卻忽略了 H 的痛苦——因為這讓他感受到他母親的痛苦。這個例子讓我信心大增，我很高興自己鼓起勇氣誠實地說出我所觀察到的事情。我喜歡用豬肉捲來比喻回饋……豬肉是具有挑戰性或負面的回饋，酥皮是正面的回饋。重要的是要完全包覆具有挑戰性的回饋，但仍露出少許豬肉在外面，而且依然保持它的美味。我很喜歡豬肉捲，我常常是先吃豬肉，把酥皮留到最後再吃。我想知道這說明了我的什麼特質。

　　三方訓練中最困難的部分是扮演助人者的角色，同時成為被觀察的對象，還要用我學到的諮商技巧來進行助人晤談。感覺自己彷彿置身於一個巨大的放大鏡之下，變得很渺小、很尷尬，舌頭打結，笨手笨腳的。我滿腦子都是這個不能說、那個不該說，那我到底要說什麼？我知道可以沉

默,但不是那種「天哪,我能說什麼?」的可怕沉默,一副嚇傻了的模樣。我發現自己只是像鸚鵡一樣一遍又一遍地說:「……,讓你有什麼感覺?」超假的,就像說外語一樣讓人不自在。

我討厭被觀察。感覺被人從頭到尾品頭論足一番,讓我很想找個地洞鑽進去,老師在旁觀察的時候更糟。我真的很想好好表現,證明我有能力,但我卻像個假人娃娃般呆頭呆腦地坐在那裡點頭!

教師的回饋

讀到你像個假人娃娃般坐在那裡點頭的文字讓我發噱,也看到技巧練習如何引發你的焦慮。

你發現自己很難提供回饋,但也覺察到自己的困難在哪裡,想辦法克服自己的擔憂,幫助同學改善技巧運用能力。只提供正面好聽的回饋,雖然不會傷害他人,也不會因為潛在的後果或衝突而感到內疚或害怕,但這樣只有利己而非利人。提供誠實和真實的回饋不僅是看重自己,也是看重他人,表示你夠尊重他們,甘願冒著讓他們不舒服甚至不喜歡你的風險。

知道有人在注視你的一舉一動並聆聽你的每一句話,的確會讓助人者彆扭不安。我們來找找不會讓三方訓練那麼可怕的練習方式。

我喜歡你的「豬肉捲」比喻。將需要改進的地方用表現好的部分「包覆」起來是個好主意。聽起來,以後吃豬肉捲對你來說再也不一樣了。你好像很喜歡吃酥皮,為了品嚐美味的酥皮,會先把豬肉吃完;或者還有其他的吃法?

生活中什麼最適合你?是先吃掉不那麼喜歡的東西,把最好的留到最後,還是先吃美味的,然後再吃不那麼喜歡的?

練習技巧和提供回饋時,請善用表 4.1 檢核你是否做到理想的助人晤談結構。

表 4.1 觀察回饋表

助人歷程初期		
助人者是否有……	是/否	舉例說明
和服務對象打招呼		
說明服務目的		
說明能力與角色限制		
說明保密事項及限制		
告知服務對象時間結構		
建立友善的工作關係		
邀請服務對象談話		
助人歷程中期		
助人者是否有……	是/否	舉例說明
聚焦在服務對象的議題上		
適當的肢體語言： ・開放的姿勢 ・得宜的空間距離 ・身體向前傾 ・放輕鬆 ・適當的眼神接觸		
輕微鼓勵		
展現對服務對象感興趣的態度		
使用回應技巧： ・簡述語意 ・重述 ・摘要		

表 4.1 觀察回饋表（續）

助人歷程中期		
提供同理的瞭解與一起停留在不舒服的感覺中		
合宜的提問： ・開放式問句 ・封閉式問句		
善用沉默		
善用立即性回應		
用自我揭露協助服務對象		
展現出： ・尊重 ・和善 ・體貼		
敏察改變歷程		
在助人過程維持專業界線		
助人歷程後期		
助人者是否有……	是／否	舉例說明
穩妥地結束晤談		
告訴服務對象晤談接近尾聲		
維持時間結構		
用摘要結束晤談		
確認服務對象對於結束晤談是否安心		
讓服務對象知道接下來的晤談方向及選項		
提供其他求助管道或轉介資源		
約定下次的晤談日期和時間		

需改進之處		
助人者是否有……	是／否	舉例說明
問太多問題		
自說自話		
給建議或忠告		
安撫或同情		
評價		
打斷		
與服務對象爭論		
抱持成見		
催促服務對象		
生氣或防衛		
急於填補沉默		
自我揭露不當，反客為主		
話太多		
咄咄逼人		

觀察者對助人者的回饋

在三方訓練時，助人者的角色往往被認為是最重要的，事實上，觀察者的角色也不容忽視。觀察者必須檢視技巧的品質，提供建設性的回饋。提供誠實和有益的回饋需要坦誠和勇氣，而提供可能會讓人聽了不舒服，甚至令人不悅的挑戰性回饋時，更需要敏感細膩的態度。表 4.2 的觀察者評估表協助觀察者辨識和反思回饋的品質和效果。

表 4.2 觀察者評估表

	是／否	舉例說明
你提供給對方的回饋,是否為……		
・誠實的		
・具體的		
・有把握的		
・有條理的		
・符合 SMART 原則		
・建設性的		
・膽大心細的		
如果你的回答為「否」,理由是……		
你能辨別對方的表現「好」或「不好」		
你對於回饋需要改進之處有何感受？		
對於提供別人難以聽進和接受的回饋,你的擔心是？		

💬 提供與接受回饋

對於提供回饋和接受回饋的人來說,回饋可能是一個困難和痛苦的雷區。難以提供回饋的原因和擔心有關,包括擔心：

・傷害對方
・自己受到傷害
・引發憤怒或防衛反應
・被討厭
・被報復
・回饋錯誤

難以接受回饋的原因包括：

- 覺得受到了評價
- 覺得自己能力不足
- 不同意回饋的內容
- 覺得自己被攤開檢討
- 覺得自己不夠好
- 覺得羞愧
- 覺得受傷
- 不敢面對自己脆弱的一面
- 覺得被攻擊
- 覺得被誤解

可惜的是，我們記住負面回饋的時間，往往比記住正面回饋的時間長得多，這就是所謂的**負面偏誤**（negativity bias），意指批評的衝擊性比讚美更大。因此，有必要找到一種提供和接受回饋的方式，讓回饋得以被聽到和消化，又不至於造成太多困擾。重要的是給予誠實的回饋，不然只是在浪費時間。誠實和具體的回饋才能讓諮商技巧學習者從中獲益。我們或許對自己的某些行為不察，因此若有人能幫我們留心注意，方有助於自我覺察，讓諮商技巧更上一層樓。以嚴厲和批評的方式提供的回饋只會適得其反，被嚴厲批評的人可能會心生防衛或失去信心，連帶影響他們以合乎倫理和安全的方式使用諮商技巧的能力。建設性的回饋旨在培養和建立勝任感。因此，也必須說出哪些地方做得好，哪些地方需要改進。

為使回饋容易下嚥和易於消化，正面的回饋應該多於負面的回饋。正面的回饋發揮緩衝批評的作用，抵消讓人如坐針氈的負面回饋，為成長和改進騰出了空間。**三明治回饋法**（feedback sandwich），或稱建設性批評三明治，提供一種美味且易於消化、幾乎沒有情緒倒胃口和消化不良的風

險。運用三明治回饋法原理,正面回饋首先上場和最後壓軸,需要改進的地方夾在中間夾層。

第一層麵包:助人者做得很好的地方。
中間的餡料:助人者可以改進的地方。
最下一層麵包:助人者其他做得好的地方。

T. S. Eliot(艾略特)在他著名的詩劇《大教堂謀殺案》(*Murder in the Cathedral*)中寫道:

> 最後的誘惑,最大的背叛,
> 以錯誤的因為名,行自認對的事。
> (The last temptation, the greatest treason
> To do the right deeds, for all the wrong reasons)

提供建設性回饋時,請記住這句話:出自「正確」(right)的心態,讓回饋成為支持的工具,而非控制和操縱的武器。表 4.3 列出一些提供回饋的正確和錯誤心態。

表 4.3 適當的回饋方式

錯誤心態	正確心態
譴責	承諾執行安全與合乎倫理的服務工作
堅持己見	關心服務對象的福祉與行為
攻擊	盡責
心情不佳,無法將個人情緒先放在一邊	引導與支持
想當好人	出於關心
出於優越感	協助對方改善技巧
討好第三方	貢獻一己之力
展現權力	分享知識
	培養勝任感

💬 提供與接受建設性回饋的要訣

提供回饋之時

- 誠實和真誠。
- 以「我」為開頭，例如：我覺得……；我看到……；我有可能說錯，不過……
- 從正面的地方開始——這個人做得好的地方、善用了哪些技巧。
- 盡可能具體並舉例說明。
- 關注可以改變的行為而非無法改變的個性。
- 提供可以改進的替代方案和建議。
- 以正面的態度結束。
- 提供 SMART 的回饋：
  - 具體明確的（Specific）
  - 可以評量的（Measurable）
  - 可以達標的（Achievable）
  - 實際可行的（Realistic）
  - 有達標時限的（Time boundaried）
- 運用三明治回饋法——先說正面的回饋，再說需要改進的地方，最後以更多正面的回饋結束。

接受回饋之時

- 就算回饋聽了讓人不舒服，也要傾聽。
- 就算不同意也要傾聽。
- 就算想爭論或解釋，也要傾聽。
- 傾聽。
- 澄清和理解。

- 檢查你是否聽對了。
- 與他人核對回饋是否正確。
- 謙虛詢問。
- 花時間消化和反思。
- 回覆,而不是對回饋跳腳。
- 感謝對方的回饋給你成長和學習的機會(即使你百般不願,也要這麼做!)。
- 傾聽。
- 傾聽。
- 傾聽。

許多負面回饋聽起來就像批評或評價,碰到這樣的情況,難免心生防衛,想要加以反駁,我們要學習如何處理或應對這種抗拒心理。另外,有些人則對批評或評價逆來順受,對所有的負面回饋照單全收,而不去檢視回饋是否準確。聽取回饋並反思回饋是否合理,就像試穿新外套一樣,如果合適——就穿上它,如果不合適——就把它掛回去。

活動4.1 | 提供建設性的回饋

閱讀以下兩個情境中使用諮商技巧的專業人員的敘述,並就以下兩點給予建設性的回饋:

- 做得好的地方。
- 有進步空間的地方。

情境1：藥物濫用康復中心
角色：關鍵崗位專業工作人員

我今天跟 C 和 A 晤談——我問他們是否集體用藥，他們咯咯地笑著，好像覺得這一切很有趣。看到他們這樣的態度，我漸漸生起一肚子火。我在想，你們都是聰明、能言善道的人——你們可以更好——為什麼不改變呢？你們不想挽回嗎？別人在掙扎求生，但他們似乎不當一回事。我非常喜歡他們兩個人，他們才思敏捷，受過良好的教育，口才出眾、下筆成章。

我對他們的行為非常失望。我沒有問他們過得怎麼樣，而是說我對他們真的很灰心、我希望他們更好云云。C 開始竊笑，我越來越生氣，質問他有什麼好笑，他差點就要被掃地出門了吧。現在想想，實在滿丟臉的。我意識到我之所以對他們兩人的期望很高，是因為他們的出身背景——其他的戒癮者多半前科累累，有些人甚至沒有接受過任何教育。我認為這造成了雙輸局面——他們的需求沒有得到滿足，而我的行為就像一個挑剔的媽媽。我搞砸了我和他們的關係。但真正應該擔心的是——我對其他人的期望是否較低？

A 說她無聊到爆，和往常一樣情緒低落，再度使用藥物能減緩她的自殺念頭。聽到這種話我又按捺不住動怒發火，她根本是在操縱別人。我覺得她也很自責，不過我沒有安慰她，而是什麼話也沒說。我在嚴厲的愛和提供支持之間拉扯，但回想起來，我認為我是用嚴厲的愛作為一種懲罰手段。整個情況暴露出我自己非常不堪的一面。我真的覺得自己像個脾氣暴躁、刻薄寡情的父母，完全沒有同理心。我真的很傲慢。

到底該怎麼走下去才好？

情境 2：女性服務中心
角色：團體領導者

　　今天真是一團糟。第一個女性分享團體開張，原本是件令人高興的事。女性成員敞開心扉，進行了很多精彩的分享。我提議做個練習，讓成員們凝視彼此的雙眼——體驗親密的感覺。有些成員覺得很尷尬，我發揮催化技巧，試圖營造一個安全的空間，讓成員可以根據自己的意願，盡可能地投入參與。

　　成員們繼續討論不同的議題，一位非常年輕但體格壯碩的非裔女性 E 透露她的媽媽曾嘲笑她是個「女調教師」。這讓我大吃一驚，震驚到笑出來，我立即道歉，解釋這是一種震驚反應。她看起來很受傷，我說：「你那時候還小，這真是太可怕了。」我真的很想把她（和我自己）從我的震驚反應中解救出來。團體成員趕緊接手，你一言我一語地提供支持。沒有人數落我，但我直到此刻仍然覺得自己糟透了。我對這個團體的熱情感到不知所措。一位年長的前性工作者非常熟練地表現出同情心和略顯不敬的認同感，讓整個團體笑得前仰後合。那些有關「嫖客」的評論，實際上是相當貶低的，但的確挽救了我的頹勢。此時團體時間已經接近尾聲——我忘了看時鐘，只專注在眼前發生的事。團體輔導室的門可以上鎖，因此我決定延長團體時間，打算好好利用它的隱私性和空間。每個人都欣然同意，但不到 10 分鐘，團體已經耗盡能量、筋疲力竭了，最後我只得匆促地結束今天的團體。

　　後來發現同事抱怨我的團體超過時間，所以我只好去找主管說明。他說絕對不可以超時，這是我第一次有做錯事的感覺——他通常不會將我的缺失放在心上。我沒有告訴他我的震驚反應，怕受不了他的批判和責難。我也驚訝地發現，他的不認同會讓我如此沮

喪。我非常崇拜他，雖然有點奉承，但他真的很博學多聞。我也對我的同事生氣，我們的約聘合約為期一年，以後只有一個職缺。她說過很想得到這個職缺，她很積極，但我不想多做評論，也不能挑戰她。直到剛剛我才意識到，對她生氣，比承認我今天的團體帶領失敗更容易。

正如 Dale Carnegie（卡內基）提醒我們的：

能力在批評下枯萎，在鼓勵下綻放（Carnegie, 1998, p. 220）。

一學就上手的諮商技巧

Chapter 5

同理心

同理心（empathy）是一個非常重要的能力。簡單地說，就是理解一個人，用他們的眼睛看世界、用他們的心去感受。看待對方的情況時，同理心就是從他們的角度去理解情況。一般來說，對事情做出判斷或提出意見時，我們是在使用個人的價值觀、過去的經驗和信念來做出評斷。在展現同理心時，必須把那些都放在一邊，用對方的價值觀、過去的經驗和信念來看待情況。同理心尋求的不是被理解，而是去理解。善用自我覺察和全面性的諮商技巧和能力，盡可能深入地、真正地瞭解對方和他們的世界。許多時候，我們得學習先將滿腹疑惑或深信不疑放在一邊，拿下自身經驗的有色眼鏡，清楚地看到對方。傳達同理的瞭解，能讓對方感受到被接納、支持和理解。

同理心不是為對方感到難過，也不是對他說：「哦，你好可憐。」同理心不是單方面的表達，而是和對方產生連結。做到真正的同理心談何容易，需要嚴謹的自我誠實、主動意願和開放的心胸。同理心還需要大量的努力、專注和紀律。

如果我們有一個安全無憂的童年、足夠的食物、衣服和溫暖的家，我們可能很難理解為什麼有人要偷食物，甚至把食物藏起來。如果我們從來沒有挨餓過，就更不懂飢寒交迫的感覺。如果能跳出我們的經驗框架，想像偷竊和藏匿食物的人發生了什麼事，或許還能進一步知道他來自一個九口之家，父親是個酒鬼，母親得從事三份清潔工作才能勉強維持生計。什麼都不夠，錢永遠不夠、愛永遠不夠、食物永遠不夠。他有強烈的匱乏感，害怕自己會餓肚子，沒辦法養活自己，這麼一想就更容易理解他偷竊和藏匿食物的原因。當我們用自己的眼光去看待「足夠」之時，就很難去理解他人是多麼拼命地彌補過去的不足。倘若能從飢餓孩子的角度來看這種情況，我們才算是真的理解，並對那些試圖確保自身生命財產安全無恙的人展現出慈悲和溫柔。

同調

同調（attunement）和同理心相似，但技高一籌。同調意指我們對另一個人的反應力，是關係建立過程中的步驟之一。同調的助人者不但能夠察覺到服務對象當下的行為和話語中的細微差別，且助人者的回應讓服務對象知道他們已經被聽到和看到，助人者「懂得他們的意思」。

同調的定義如下：

> 感知他人的動作和情緒，貼近他們，瞭解他們的節奏、情感和經驗。出於同理心，更勝同理心。助人者與服務對象之間的情感交流和／或共鳴反應，創造出兩人之間綿延不斷的連結感（Erksine, 1998, p. 236）。

同調意味著調和的能力，也就是與他人連結的程度，以及如何向他人傳達出這種連結感。如果雙方「合拍」，就能為服務對象提供適當和有效的諮商技巧和介入措施。和自己同調也很重要。人際關係中的同調與合奏樂器一樣，如果各個樂器之間「調和」，就會發出和諧悅耳的聲音；如果「跑調」，就會發出刺耳、令人不悅且難聽的噪音。關係也是如此，當彼此同調時，關係就會和諧。

同理心的絆腳石

不可諱言地，有些事情真的很難同理和理解。我們必須知道有哪些事情難以同理，探索原因來自何方，也釐清我們能夠提供服務的對象。有些事情我們無法理解，有些事情我們不想理解；有些事情令人深惡痛絕，不想明白也不願理解；有些事情雖然理解但仍然感到厭惡，有些事情我們根本不喜歡，也不想討論和探索。

活動 5.1 | 對同理心的反思

針對下表的情節敘述，回答以下問題：

- 你能理解和同理嗎？
- 你對每個情節有什麼想法和感受？
- 你遇過類似的情況嗎？
- 在這些情節中，你是哪一種——造成傷害的人還是被傷害的人？
- 有親人遭遇類似的情況嗎？
- 在這些情節中，你的親人是哪一種——造成傷害的人還是被傷害的人？
- 這個活動如何協助你更瞭解同理心？

一名看護為了玩線上賭博遊戲，竊取身障人士的財物。	一名年輕人趁祖母為他泡茶和準備三明治時，偷走她的錢。	為了報復前任情人，暗中破壞他的車，釀成車禍。
一名臨產女性賣淫以購買毒品。	酒後駕車時速超過140公里。	明知對方是 HIV 陽性，但還是與對方發生不安全性行為。
殯房服務員姦屍遺體。	強迫孩子口交，並威脅他們如果不這麼做，就殺死其他的兄弟姊妹。	霸凌和嘲笑他人，逼得受害者自殺。
一名女性與她姊姊的伴侶發生性關係。	謀財害命，分屍藏在不同的地方。	曾在集中營工作。
在孩子面前重毆自己的臉。	外科醫生進行不必要的手術。	入室盜竊，偷走珠寶、照片和財物。
種族歧視者。	一名父親對兒子和女兒性虐待。	強迫伴侶賣淫來支付生活開銷。
一名女性看著她的男朋友性侵3歲小孩。	拿香菸灼燒幼童的臉和手臂。	大聲辱罵孩子，說他們很討厭、很噁心、根本不該存在等等。
注射毒品者。	強暴犯。	施行非法墮胎手術的人。

不想瞭解,或想全部瞭解都可以,沒有全面的同理也沒關係。如果我們只是不想瞭解某些議題,那也無妨。自我覺察和洞察力會教我們如何選擇。處理某些議題或服務某些對象,可能會喚起痛苦並引發不快的回憶。如果還沒有準備好去面對,也不一定要急著處理這些議題。

自我覺察的目的是覺知自身個人和專業能力的極限,檢視我們是否有資格提供專業的服務,以及能否處理個人議題。重要的是認識自己的同理心絆腳石是什麼,以及要怎麼處理這些絆腳石。如果有想要挑戰和克服的地方,想要提升同理的瞭解,當然很好。自我覺察和同理心息息相關,如果曾經遭遇上述活動中的某些情節,同理的瞭解或多或少會受到影響。我們可能曾為加害者或受害者,如果曾虐待和傷害他人,我們須覺察背後的驅力是什麼、為什麼會做出這種事。這樣的洞察和理解可以激發對他人「惡」行的同理心。反之,如果一直否認或推卸自身的惡行,相對地也就難以包容他人的行為。當然,如果一直承受著他人的虐待或危害,這些可怕的經歷與隨之而來的傷害和痛苦,極有可能會限制我們培養同理心的能力。

個體和文化差異會影響我們的同理程度。某些群體和文化可以接受的事物,或許在另一些群體和文化中令人相當厭惡。期待別人遵守我們的信仰和價值觀是人之常情。覺察並承認差異性和多樣性可以提高文化同理心。**文化同理心**(cultural empathy),簡單來說就是考量、理解和欣賞相異文化背景群體的感受、想法和行為。

舉例來說,看到戴頭巾或穿罩袍的女性,可能會認定她受到壓迫、貶低,被文化、宗教和丈夫所控制。展現文化同理心的人則視頭巾或罩袍是女性的選擇,尊重她們的宗教和文化,不自動預設性別不公的立場。當然,和所有事情一樣,在與她交談並建立安全和信任的關係之前,我們不會知道這名女性的真實情況。

為能順利地在助人情況下使用諮商技巧來傳達同理心,以下幾點或能

一學就上手的諮商技巧

派上用場：

- 辨識差異和相似之處。
- 瞭解服務對象的社會環境。
- 盡可能地瞭解服務對象的文化和背景。
- 使用適合文化的溝通技巧。
- 留意任何與某些文化相關的個人偏見和刻板印象。
- 接受服務對象的價值觀和信仰，無論是否與你的相同。
- 向弱勢或受到歧視的服務對象提供額外的訊息和引薦資源。
- 留意從其他國家移居本國的服務對象可能必須進行的心理社會適應調整（psychosocial adjustments）過程。

學習手記

同理心

整體而言，我認為我是一個有同理心的人，多數事情我都能同理。我的一個好朋友說我太過於寬容，根本就是助紂為虐。我犯過很多錯，做了很多不光彩、後悔的事情。我不是要為自己找藉口，但當時真的沒想那麼多。我知道我傷害了別人、我常因不在家和脾氣暴躁而傷害了我的孩子。我很內疚，這樣的心情確實幫助我同理那些做過和說過「壞」事的人。有句話我很喜歡：「當我做盡壞事的時候，就是我最需要愛的時候。」這句話真的說到我的心坎裡。當我咒罵、咆哮和失控時，幾乎都是我不知所措、無法應付、害怕和孤獨的時刻。我嘗試從這樣的角度來看其他人的行為。我瞭解到，當我們評價他人時，並不是真正的同理和接納，這些都是同理心的絆腳石。有一些是我能夠理解、挑戰和克服的舊偏見，像是我小

時候調皮搗蛋，媽媽就會嚇唬我說：「穿白大褂的人會來把你帶走。」

目前有一些我理解但無法挑戰和解決的同理心絆腳石。老實說，我不想理解。我無法同理戀童癖者。我知道過往可怕的經驗會導致人們做壞事，我也知道好人也會做壞事，但我就是不想聆聽和支持對弱小兒童做出如此糟糕事情的人。我也無法同理不忠的已婚男人。因為我身上發生過同樣的事，這是我一生中最痛苦和屈辱的經歷之一。每個人都知道我的丈夫出軌，只有我被蒙在鼓裡。甚至當他告訴我這件事時，我仍然希望他留下來，但他選擇離開，與另一個女人共築愛巢。我無法想像有一天我能夠傾聽並支持有外遇、想離開婚姻的人，這會讓我回想起那段痛苦辛酸的經歷。

我不認為我是種族主義者，但在成長過程中，有許多對於不同族裔和文化的刻板印象。整個種族都被認為是卑鄙的、愚蠢的、貪婪的、殘忍的或暴力的，雖然我知道這樣的標籤不可能適用於整個族裔，但這些過時的訊息依然盤旋不去。我發現難的是怎麼回應其他人的種族歧視，我沒有足夠的勇氣去挑戰對方，接著又為自己在某種程度上共謀而感到內疚。上週我在超市裡，有人對我發表了非常貶損的評論，說中國人在這裡不受歡迎，他們應該滾回自己的國家云云。他們的用詞粗俗，我聽了心裡很不舒服也很生氣，但我只是半點頭半微笑，然後逃走了。我很內疚，就好像是我說了那些可怕的話一樣。

教師的回饋

感謝你分享對同理心和評價的看法。關於同理心的絆腳石、你是誰，以及不願意傾聽和提供支持的部分，你寫得很好。你寫出你對這個議題的恐懼，擔心如果你做錯了什麼，別人會怎麼看你。在你的幾篇學習手記中，你寫到別人對你的看法有多重要，我期待你能多分享一些相關內容。那是指你需要認可，

抑或害怕衝突、害怕被討厭，還是另有其他原因？願聞其詳。

你提出了一個重要的問題。有沒有可能是太有同理心了？我認為答案是：「是的」，但只有在我們允許自己受到傷害的情況下才會如此。如果有人因暴怒而失控，猛烈毆打我們，我們或許能理解並同理這種行為。我們知道好人也會做壞事，也知道當一個人被強烈的情緒衝擊時，會表現出暴力和傷害行為。是的，我們可以理解，但並不意味著要待在原地不動並逆來順受地被毆打。我們可以理解和接受，但不會共謀傷害的行為。

你寫道：「他們的用詞粗俗，我聽了心裡很不舒服也很生氣，但我只是半點頭半微笑，然後逃走了。我很內疚，就好像是我說了那些可怕的話一樣。」有人行為不端，但感到內疚的卻是你，這是你的生活其他面向經常出現的模式嗎？

活動5.2 | 同理心

以下是一些關於同理心的名人語錄。選擇三個你最喜歡的，並說明為什麼。另外，其中有沒有你不同意的說法？

- 用另一個人的眼睛去看、用另一個人的耳朵去聽、用另一個人的心去感受。這是我目前對「社會情懷」的定義（Alfred Adler, 2002, p. 64）。
- 只有將心比心，你才算真正理解他人（John Steinbeck, 2002, p. 391）。
- 我們以為自己在聽，但真正用同理心去聽、去理解的其實少之又少。然而就我所知，促成改變最大的力量之一，正是這種「特別的」聽（Carl Rogers, 1980, p. 116）。

- 對他人經驗的同理瞭解是人類的基本天賦，就像視覺、聽覺、觸覺、味覺和嗅覺一樣（Heinz Kohut, 2012, p. 144）。
- 如果有人能以同理心聆聽我們的故事，羞愧感就不會有生存的空間了（Brené Brown, 2012, p. 68）。
- 如果沒有悲憫與同理心的調和，光靠理性會導致人類掉入道德的空隙（K. Armstrong, 2010, p. 52）。
- 擁抱苦難造就出更多的同理心，即感受他人受苦的能力，這是慈悲和愛的基礎（S. Batchelor, 2010, p. 165）。
- 在眾神創造的萬物中，祂們最鍾愛人類：因為只有我們能體諒祂們的難處（D. Eagleman, 2009, p. 78）。
- 我相信同理心是人類文明最不可或缺的美德（R. Ebert, 2010, p. 1500）。
- 同理心是情緒智商的第五個構成要素。……尊重是通往同理心的墊腳石（S. Erakat, 2006, p. 255）。
- 這就是同情與同理心的區別。無論我有多關心你，直到我從你身上認出我，你從我身上認出你，世界才豁然開朗（J. Galaxy, 2012, p. 104）。
- 當然，能讓我們盡最大努力培養慈悲心和同理心的，終歸是其他人（T. Kreider, 2013, p. 59）。
- 當生命受到威脅時，你的同理心會被可怕、自私的求生欲削弱得遲鈍麻木（Y. Martel, 2003, p. 132）。
- 人類最大的天賦之一就是同理心。缺乏這項能力的人不可能臻於完美（V. Vinge, 2010, p. 454）。
- 當因族裔、宗教或生理差異而缺乏情緒同理心時，此時就要靠認知同理心來發揮作用（H. Riess, 2017, pp. 74-77）。

- 脆弱是愛、歸屬感、喜悅、勇氣、同理心和創造力的發源地，也是希望、同理心、責任感和真實自我的起源。如果我們想要有更清楚明確的人生目標，或是想要過更深刻、更有意義的靈性生活，脆弱就是通往它的一條途徑（B. Brown, 2012, p. 37）。
- 身為精神分析師，我學到的重要功課之一就是：服務對象向我傾訴的內容幾乎都是真的——好幾次當我以為我是對的、服務對象是錯的時，經過長期的探索後，結果才發現我的正確是一知半解，服務對象的正確才是真知灼見（H. Kohut, 2009, p. 93）。
- 同理的傾聽需要時間，但它所花費的時間，遠不及收回話語和糾正誤解、重新來過、忍受未表達和未解決的問題、忙著收拾善後而不給人滋養所耗掉的時間（S. R. Covey, 2004, p. 253）。
- 生命是第一個禮物，愛是第二個禮物，理解是第三個禮物（M. Piercy, 2016, p. 685）。
- 學習是傾聽的結果，而傾聽又會帶來更好的傾聽與對他人的關注。換句話說，要向孩子學習，我們必須有同理心，同理心會隨著我們的學習而成長（A. Miller, 2002, p. 101）。
- 同理心是最重要的特質，必須培養才能讓和平有戰勝出頭的機會（A. Roy, 2004, p. 39）。
- 然而，時間教會了我的心，要為他人的好運發熱，為他人的不幸融化（Homer, 2008, p. 146）。
- 和平遠比報復或讓步更為困難；因為和平靠的是同理對方的恐懼和未滿足的需求，這些未滿足的需求是人們互相攻擊的驅力。覺察到這些感覺和需求後，反擊的力道就會趨緩，瞭解到是人類的無知導致了這些攻擊。取而代之的目標是提供同理的連結和教育，使人們能夠超越暴力並建立合作關係（M. B. Rosenberg, 2005,

p. 129）。
- 和平不是靠武力辦到的，只有互相理解才能促成和平（Albert Einstein, 2010, p. 252）。

核心條件

1957 年，Carl Rogers 確立了促進改變的六個必要和充分條件，本書第 9 章將進一步完整說明這些條件（Rogers, 1957, pp. 95-96）。

在諮商和助人工作中，**核心條件**（core conditions）一詞已廣為人知。有趣的是，Carl Rogers 並未使用「核心條件」這個詞，而是當代學界以此指代他的六個必要和充分條件中的條件 3、4 和 5，分別是：

3. 助人者是真誠一致的。
4. 助人者表現出對服務對象的無條件正向尊重（unconditional positive regard, UPR）、非評價的溫暖和接納。
5. 助人者展現對服務對象的同理心。

這些條件已有六十多年歷史，但它們經得起時間的考驗，仍然是諮商和諸多健康與社會關懷角色者的基石。這些核心條件又被稱為**催化條件**或**治療師的條件**（facilitative conditions or therapist's conditions）。同理心是核心條件之一，對於改變和療癒過程至關重要。

💬 傳達同理的瞭解

- 主動積極地傾聽對方——排除任何阻礙真正傾聽對方說話的障礙。
- 使用輕微鼓勵和開放的肢體語言，鼓勵服務對象敘說他們的故事。

- 以自然而溫和的方式，鏡映服務對象的肢體語言和臉部表情。
- 想像一下處於他們的立場會是什麼心情。
- 不是憐憫他們，為他們感到難過；避免居高臨下地表現同情。
- 努力理解他們。
- 挑戰任何妨礙理解的個人偏見和評斷。
- 使用簡述語意和情感反映來核對理解是否錯誤，並鼓勵服務對象繼續談話。
- 摘要你所理解的內容，讓服務對象知道你在同理他們。

同理心常被誤認為只是單純地認可對方的感受，但 Rogers 的同理心概念更為複雜，與簡單的情感反映不同。他說：

> 同理心是指正確地感知另一個人的內在參考架構，以及與之相關的情感內涵和意義。……意思是像對方所感覺到的那樣，去感受他的傷害或快樂，並像他所感知的那樣，去感知其原因（Rogers, 1980, p. 140）。

同理回應的例子如下：

- 上台報告讓你很焦慮。
- 你們的關係結束了，這讓你很沮喪。
- 沒有得到你期望的加薪，這讓你很生氣。

單靠回映式傾聽（reflective listening）無法同時反映情緒和語意內容。以下是一些非同理回應的回映式傾聽範例：

- 我聽說你要上台報告。
- 你原本以為你們的關係可以繼續下去。
- 你覺得老闆的決定不公平。

注意：以上三個回映式傾聽範例，都沒有真正反映出同理回應中的「情緒」。

另一種隱而未顯的回應為**請求**（solicitation）。請求式回應是指助人者邀請服務對象進一步探索。範例如下：

- 多說一些是什麼讓你感到焦慮。
- 你說這段關係讓你痛苦。是什麼讓你感到痛苦？
- 形容一下你和主管是如何互動的。

這些回應都是邀請服務對象進一步探索他們的感覺和處境。

認同

簡單地說，**認同**（identification）意指找出自己與他人之間的相似之處。《美國傳統英語詞典》（*American Heritage Dictionary of the English Language*）（2016）對認同的定義是：

> 與另一個體或團體的性質、特徵或觀點產生關聯和設想。

認同雖非同理心，但極具價值。如果有人認定他們是唯一一個有這種感覺、唯一一個做出這種反應和行為、唯一一個被虐待、唯一一個被這樣對待的人，這可是相當難受的痛苦。發現其他人也有類似的經歷，你並非特別奇怪或發瘋，這可能會讓人大鬆一口氣。認同可以消除汙名和孤立，但在助人工作中，亦須謹慎使用。表示認同前，助人者需先自我揭露，並且符合服務對象的最佳利益。當助人者認同服務對象時，就有做出先入為主假設的風險。助人者可能會驟下結論，認為他們瞭解服務對象的情況，毋須真正地與服務對象談話和傾聽，即可進入他們獨特的世界。經驗或許大同小異，但並不表示與經驗有關的想法、感受、行為、看法和原因毫無

二致。下面的範例清楚闡明如何謹慎使用認同。

1. 我完全瞭解，我身上也曾經發生過同樣的事

就算發生過的事情一樣，每個人的體驗幾乎各不相同。你對經驗的反應、想法和感受，可能與其他人差了十萬八千里。每個人的感受和回應，是許多因素之間複雜的相互作用而成，這些因素包括：文化、出身背景、年齡、性別、性格、人際關係、族裔、宗教和個人認同等。這份清單要多長有多長，清楚顯示我們都是獨一無二的個體，因此不能假設我們都以相似的方式經驗相似的事件。

2. 我懂你的意思，我也有三個小孩

如上所述，我們不瞭解育有三名子女的錯綜複雜交互作用影響。服務對象的社交、經濟和家庭狀況如何？孩子幾歲？服務對象對孩子的感覺如何？服務對象有支持系統嗎？有文化方面的考量嗎？孩子們是什麼性別？只消問上面這幾個問題，馬上就可看出假設每位育有三名子女的人都有同樣的經驗，是多麼荒謬的事。

3. 我也怕蜘蛛，所以我知道你為什麼怕蜘蛛

我們不知道這個人為什麼怕蜘蛛，甚至不知道恐懼對他意味著什麼，也不知道他是如何經歷恐懼的。我們不知道他害怕的程度或他對恐懼有何反應。我們對他的認識還不足以做出假設。

悲憫

悲憫是同理心不可或缺的內涵。**悲憫**（compassion）的字面意思是指**一起受苦**。悲憫雖不等於同理心，但兩者概念一體兩面、互為表裡。

Gu 等人（2017）界定出悲憫的五個要素：

1. 認識苦難。
2. 理解苦難的普遍性,眾生皆苦。
3. 為受苦者動容,同感其苦。
4. 容忍被苦難喚起的不舒服感受(例如:恐懼、痛苦),對受苦者抱持開放和接納的態度。
5. 採取行動,幫助受苦者從痛苦中解脫。

佛教認為悲憫就是慈悲,尋聲救苦。悲憫是體認並尊重自己的痛苦和他人的痛苦,最後達到既自救又救人的境界。因此,悲憫的概念擷取東西方哲學的精華。悲憫的風險為過度認同服務對象,情緒陷於一團混亂。

Alice Calaprice 在《新愛因斯坦語錄》(*The New Quotable Einstein*)(2005, p. 206)一書中引述 Albert Einstein 的名言:

> 人是整體「宇宙」的一部分,是有限的時間和空間的一部分。人類將自我、思想和感覺經驗與其他事物切分開來──其實這是一種意識的幻覺。企圖使自己擺脫這種幻覺是宗教的議題。不要去滋養這種幻覺,而是去克服它,才能達到內心的平靜。

總結本章所述,同理心是諮商技巧的核心。助人者須審慎小心、敏感地進入服務對象的世界。同理心的目的是接納和理解;同理心是良善。

一學就上手的諮商技巧

Chapter 6

平等、多樣性與包容

> 改變世界之前,請先改變自己。
>
> ——Mahatma Gandhi(聖雄甘地),日期不詳。

上一章強調同理心的重要價值,同時也突顯出,如果心存評價及缺乏理解和接納,就不可能有同理心。同理心意味著走進別人的世界、穿別人的鞋子,將心比心、換位思考。為了做到這一點,我們首先要意識到他人與我們是不同的個體。如果做不到,僅能簡單地想像我們異地而處會有什麼感受,這並不是同理心。每個人都是不同的,即使是同卵雙胞胎,也各不相同且獨一無二。我們各有不同的生活歷練、經驗、健康和幸福。不管有多少相似之處,每個人都是獨特的,對生活、人際關係和自我都有獨到的經歷和觀點。差異有可能是明顯可見,或隱微無形的,但它們終將存在。表 6.1 列出一些「差異性」(differences)的範例。

有趣的是,有很多(甚至更多)看不見的差異,需要透過諮商技巧來支持對方敞開心扉談論自己及覺察個人感受才得以察見,由此才算真正瞭解對方,而不是輕率地做出猜測和假設。為了有效、發自內心的使用諮商技巧,我們必須瞭解自己與差異或多樣性的關係,並覺察評價、歧視、貶低、排斥,以及因偏見、無知、恐懼及一大堆其他分別你我的事情而造成傷害的種種方式。使用諮商技巧時,很容易假設我們知道對方是誰以及他們需要什麼,而沒有花時間去找答案。

表 6.1 明顯與隱微的差異性

明顯的差異性	隱微的差異性
看得見的障礙	看不見的障礙
膚色/族裔	口味與偏好/喜惡
年齡	感受
語言	性活動(sexuality)
方言/口音	宗教與靈性
外觀,例如:體型	價值觀與信念
性別	家庭背景/出身背景

> **活動6.1｜差異性**
>
> 繼續完成表 6.1，思考你與他人還有哪些差異性、多樣性和獨特性。

多樣性（diversity）一詞不免激起一些讓人五味雜陳的感受。有些人不想被品頭論足，反而導致差異被忽視。也有可能是害怕做錯事或說錯話、擔心無意中冒犯他人，連帶無法建立真正的連結。否認差異性，就像否認且無視對方的存在，例如：忽略和不提及某人有身心障礙這一事實，並不會使障礙消失。差異性和多樣性是帶著好奇心與接納來認可、理解和交流。這是在告訴對方：「現在的你有什麼感覺？」也是在告訴對方：「我想多瞭解你現在的感受。」要展開這段不評價、理解和接納對方的旅程，必須理解與其有關的用語，並花時間反思自己的差異性和多樣性。

歧視

歧視（discrimination）意指因為他人的差異而加以排斥。歧視通常是基於對他人的負面態度。各種事情都會導致對他人的負面態度，例如：

- 刻板印象。
- 多元交織性。
- 偏見。
- 假設。

💬 刻板印象

刻板印象（stereotyping）係指給整個群體貼上相同屬性的標籤。刻板印象的定義是：

對特定群體或某群人的固定、過度概括的信念（Cardwell, 1996, p. 234）。

舉例來說，用「地獄天使」（Hells Angel）一詞指稱穿著皮衣外套、騎著哈雷機車的人。

刻板印象的**好處**之一是，由於曾有過類似的經歷，讓我們能對情境迅速做出反應。**缺點**之一是忽略個體之間的差異，導致觀點不夠正確（以偏概全）。

走筆至此，腦海中不禁浮現一大堆多年來重複聽到的刻板印象，我實在不願把它們全部寫下來，因為這些多半是對不同群體的侮辱和貶損。多數刻板印象有一套既定的格式：

那些人全部都是……

例如：

戴眼鏡的人都是聰明人。

刻板印象在健康和社會關懷專業中也隨處可見。某些群體可能被貼上「難以應付」和／或「要求特多」的標籤，影響他們接受服務的品質。一旦被貼上「難以應付」的標籤，這個標籤就會傳遞給新進的專業人員，種下先入為主的看法，使其因預期的衝突或困難而對服務對象採取不同的行動。心理健康服務過程也不例外。邊緣型人格障礙（borderline personality disorder, BPD），亦被稱為情緒不穩定障礙（emotional instability disorder），曾被視為是一種無法治療的疾病。這一可怕的標籤對被貼上這種診斷的人來說，毫無助益可言。邊緣型人格障礙與情緒不穩定有關，被診斷為邊緣型人格障礙的人通常有嚴重的創傷和虐待史。邊緣型人格障礙並非不治之症，但舊有的汙名和刻板印象仍然揮之不去。在我看來，就是刻板印象本身使得障礙的不穩定、情緒化和不理智表現經年累月地永久存在下去，這

和專業人員對「難以應付」或「要求特多」的標籤做出的反應有關,他們沒有看到在痛苦深淵中苦苦掙扎、難以調節自身情緒和環境能力、一個與無助的幼兒無異的個體。

> **活動6.2｜刻板印象**
>
> - 花點時間反思一下你聽過的刻板印象,你是否認為這些刻板印象是事實?
> - 再花點時間將這些刻板印象寫下來及大聲說出來。

> **活動6.3｜辨識刻板印象與歧視**
>
> 以下是一位年輕女性蘿絲的自我介紹。讀完她的經歷後,對她的問題發表你的看法。
>
> 　　我叫蘿絲,我是混血兒,今年 21 歲。我服用許多藥物來穩定我的情緒和治療精神疾病。我的生活基本上只有一個「糟」字能形容。我媽媽有心理健康問題,爸爸從我 3 歲起(或許更小的時候)就對我性虐待。我 12 歲時被帶去治療,那時我已經嚴重自殘多次了。兒童心理健康服務大致上還可以——我知道他們是想幫我。我連續幾個月被送進醫院數次,好幾次被醫護人員束縛和壓制並注射某種鎮靜劑——這是因為我有虐待創傷經驗再現,被嚇壞了。
>
> 　　18 歲之後,我被轉到成人心理健康服務單位。比起以前,我受到的對待更是有過之而無不及,幾乎無時無刻不在挨罵。第一次入住成人病房,就被無視和指責。我試圖抗議,馬上就有人暗示我是托病編故事。我才沒有編故事,我分得清什麼是照料、什麼是無

視。他們說我要像個成年人一樣負起責任，但得經過報備才能到外面抽菸，有時還得等一個多小時才有人來開門。明明說要像個大人，卻被當成小孩子對待。我覺得他們討厭我，認為我在浪費大家的時間，妨礙所有真正病重的人獲得幫助。無論是在院內還是院外，我知道我很難搞，到處惹人厭，我的情緒忽高忽低，完全控制不住。

　　我常感到莫名的害怕，打電話給危機專線，想得到一些幫助，但他們迫不及待地想讓我掛斷電話。我很痛苦，但似乎沒有人願意理解。他們只會不斷地告訴我不要再尋求關注、要自己承擔責任。但我一直都在爆炸邊緣，他們越不喜歡我，越不理我，我就越需要幫助，越想傷害自己，結果他們就越說我是在尋求關注。我沒有洗澡或照顧自己，但我不知道為什麼。我只知道我很絕望、孤單，正在盡我最大的努力，但似乎沒有人感興趣。我好幾次想自殺，被救護車載往各醫院的急診室，但不出幾個小時後醫生就讓我出院了。我被丟在街上，沒錢回家。甚至沒有人告知我的診斷是人格障礙症──我不知道他們對待我的方式，是因為我的行為舉止，還是因為我的診斷。我只知道那是一段糟糕的時光，似乎每個人──不管是我還是專業人員──都深受折磨。

- 世人對蘿絲可能有哪些刻板印象？
- 這些刻板印象會導致什麼樣的歧視？
- 如果你是服務蘿絲的專業人員，你能做些什麼來確保她在服務中不受歧視？

💬 多元交織性

《牛津詞典》(*The Oxford Dictionary*)對多元交織性的定義是：

多元交織性(intersectionality)，名詞。
　　族裔、社經地位和性別等社會類別交互關聯，形成重疊和相互依存的歧視或劣勢系統；基於上述前提建構的理論觀點。

因此，多元交織性是一個框架，用於理解個體的不同身分面向如何結合起來，產生獨特的歧視和特權模式（見圖 6.1）。它標示出個體在這些多重因素的交錯組合下，感受到的優勢和劣勢。

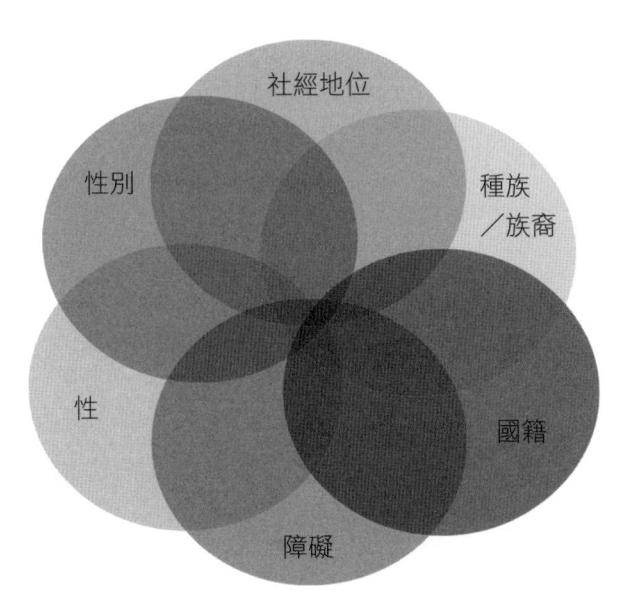

圖 6.1 多元交織性（由 Jakobi Oware 製作）
資料來源：由 CC BY-NC-SA 重製。

簡單地說，多元交織性是指個體如何因一種以上的特徵（例如：種族／族裔、社經地位、年齡、性別認同、宗教信仰、年齡、性取向等）而受

到歧視、多重壓迫而處於不利地位。例如：

- 女人賺的錢比男人少。
- 黑人女性的收入低於白人女性，白人女性的收入低於男性。
- 跨性別黑人女性的收入低於白人女性。

這一個簡單的例子說明，潛在的歧視越多，對個人的影響就越大。

> **活動6.4｜多元交織性**
>
> 在前一個活動中，多元交織性如何影響蘿絲的經驗？

💬 偏見

偏見（prejudice）是僅基於個體在社會群體中的成員身分，而對個體採取的不合理或不正確的態度（通常是負面的）。例如：對特定族裔或性別抱持偏見（如性別歧視態度）（McLeod, 2008）。刻板印象和偏見有關，兩者有相似之處。如前所述，刻板印象基本上是對某些群體的信念，偏見是對這些群體的負面評價。偏見以情緒成分和反應行為為主，而刻板印象則以認知成分居多。當我們對刻板印象群體中的個別成員做出評價，並根據該評價決定是否願意接納他時，就會產生偏見。簡單來說，偏見就是先入之見（pre-judge），是在獲知足夠的資訊以做出公平和準確的決定前，就妄下論斷。例如：

- 如果我們恐懼同性戀，那麼在我們認識所有同性戀者之前，我們就已經對他們抱持偏見。
- 如果我們是反猶太分子，那麼在我們認識所有猶太人之前，我們就已經對他們抱持偏見。

- 如果我們是排外主義者,那麼在我們遇到其他國家的人之前,我們就已經對其他國家的人抱持偏見。

💬 假設

假設(assumption)是在沒有證據的情況下,認為某事應該如何或將其視為理所當然。在助人時,很容易假設我們知曉事情的來龍去脈,但其實卻沒有證據和資訊來支持。假設會扼殺好奇心,阻止我們去深入理解。如果認定已知某事,何須繼續探究?有些假設是正確的,有些則否,這是一場拿他人性命來冒險的賭博。如果我們確實認為我們已知某事,重要的是檢查假設的正確性,而不是被假設牽著鼻子走。進行諮商時,我們要不斷提醒自己事實和假設之間的區別,必要時須提出問題,保持對話暢通無阻。在諮商過程中,同時也須使用諮商技巧來挑戰服務對象的假設。有些人會認為如果朋友沒有打電話給他,就是討厭他了。這樣的假設可能是真的,但也有可能是其他原因導致朋友沒有打電話。請運用諮商技巧溫和地挑戰這些假設,探索假設引發的感受,並尋找解決問題的方法。

日常生活中常見的假設有:

- 大多數人的生活都比我好。
- 我是對的,任何不同意我的人都是笨蛋。
- 明天就會有好事發生。
- 我的伴侶不會出軌。
- 一切都會好起來的。
- 別人擁有的比我多。
- 只要我繼續保持外表的吸引力,親切可人,就可以找到愛我的人。
- 這種事不會發生在我身上。
- 有錢會讓我更快樂。

- 事出必有因。
- 每個人都有見不得人的事。
- 苦盡即將甘來。
- 死後還有來生。

本章所要傳達的是，瞭解我們為什麼評價、對個體與群體的刻板印象和偏見來自何處，以及願意去挑戰與超越刻板印象和偏見，才能在不被評價和假設蒙蔽的情況下，與他人交流並支持對方。關懷和支持的目標是包容，差異性不是拒絕關懷和支持的理由。

包容

包容（inclusion）意指被納進到一個群體或整個社會內。包容並非只做到來者不拒。邀請坐在輪椅上的人參加在沒有電梯的三樓舉行的支持團體，不能說是包容；在沒有提供手語服務的情況下邀請聽障者參加勵志演講，他們的座位還離講台太遠而無法讀唇語，這也不是包容。照護人員告訴患者應該要做什麼，甚至事事代勞，這些作為或許適合有複雜需求的人，但實際上，每個人都有權發表意見和親力親為，無論事情是多麼的微不足道。在助人過程中，必須將服務對象納入考量。以服務囤積症者為例，當他因房屋狀況而即將失去孩子和房子時，清理房子似乎是當務之急，但這種作法收效甚微。我們必須將囤積症者的需要包括在這個過程中，才能發揮助人的長期效果。

包容的範圍不僅是改善服務場所和服務資源使用的便利性，還包括：日期、時間、語言、性別、身心障礙、能力、年齡，以及父母可否與孩子一同前來等。需要仔細考慮的項目太多，無法一一列舉，目的是確保沒有任何服務對象被排除在外。瞭解和重視不同個體的差異性，兼容並蓄使其

得到平等和公平的對待。助人者須留意以確保助人工作具有包容性，讓每個人都有機會依其意願參與。

> **諾亞方舟**
>
> 提到包容，不免想到諾亞方舟（Noah's Ark）的故事。當時地球上所有的動物、野獸、昆蟲和鳥類無一例外，都被允許登上諾亞方舟。諾亞方舟的入口和內部寬闊到足以供所有生物居住和休息。沒有生物被排除在外，沒有任何生物因膚色、體型、大小或舉止不對而被排除在外。每種生物各不相同，但都具有同等價值。他們必須找到共存的方式……更不能自相殘殺！
>
> 圖 6.2 動物們兩兩成群結隊登上諾亞方舟——萬歲！萬歲！
> 資料來源：George F. Cram, 1882.

> **活動 6.5｜創造你的諾亞方舟**
>
> 為所有人——各種類型、體型、膚色、能力、個性、外表和性別的人，設計一個現代的諾亞方舟。
>
> - 設計內部構造和入口方式。
> - 他們會在哪裡睡覺、烹食、吃飯、社交、遊戲和工作？
> - 你要如何分配需要做的工作，以及分配給誰？
> - 發揮你的想像力，你有無限的空間和無限的預算。
> - 請畫出你的「**生命方舟**」。

相信各位讀者當中，應該有許多人都能理解被排斥、沒有入選運動校隊或沒有被邀請參加聚會、被冷落和沒有歸屬感的痛苦。

學習手記

今天討論了「差異性和多樣性」這個話題。我對這個話題有很多的不安。我很怕把事情搞錯或說錯話。我不希望別人因為我的用詞錯誤，而認為我是種族主義者或恐同者。

我不認為我是種族主義者，但在成長過程中，也聽了很多加諸於不同族裔和文化的刻板印象，把整個族裔說成一群卑鄙、愚蠢、貪婪、殘忍或暴力的小人。雖然我知道這樣的標籤不可能適用於整個族裔，但仍時不時聽到這些言辭。我確實不知道怎麼去回應那些種族主義者，沒有足夠的勇氣去挑戰他們，但我又為彷彿與他們共謀似的而感到內疚。我在以前的手記中寫過這件事，這個問題依舊令我頭痛。上週在超市裡，又聽到有人在

詆毀某些族裔，說某些人應該滾回自己的國家，他們在這裡不受歡迎云云。我很不舒服也很生氣，但我只是半點頭半微笑著逃走了。我很內疚，好像那些糟糕的話是我講出來的一樣。

在技巧練習的過程中，我知道應該承認並處理彼此之間的差異和相似之處，但我的默認立場是假裝沒有注意到任何差異，即使差異非常明顯。上週的課堂練習時，我和一位比我年長許多的非裔女性一起搭檔。我提到我們之間的年齡差異，對族裔差異卻隻字不提。寫到這裡，我還是不知道要寫什麼——族裔、膚色，還是文化？因此，我們之間最明顯的區別——我是白人，她是黑人——被視若無睹了。

另一件相當令我煩惱的事情是面對肢體障礙者，我顯得過於友善熱心。因為渾身不自在，所以表現得很笨拙愚蠢，事後又為此感到內疚。

教師的回饋

謝謝你的誠實，看得出來你的內疚感很重。

你深切反思了你對差異性和多樣性的擔憂和不適。我很欣賞你的坦白，也同意言語會傷人，但言語背後的態度和意圖，既可傷害人心或可療癒人心。正如你所見，在與同學練習的過程中，不僅要正視你們之間的差異，還要承認你在談論這些差異時遇到的困難。

我同意，要挑戰別人對某些群體的偏見和仇恨是很困難的，在某些情況下，甚至得冒著他們將反感轉向你的風險。但是，正如你所言，你覺得內疚，彷彿是你講了那些糟糕的話一樣。如果可以的話，在那種情況下你會想說什麼和做什麼呢？你前面已經大致說明並指出一些挑戰，現在，我想再邀請你反思對多樣性議題的個人偏見和不適。有哪些感受？哪些偏見在挑戰之後仍然存在？擔憂扮演什麼角色？

確保工作與生活的機會平等，以及維持一個公平的社會並非易事。做出評價的並不限於諮商、照護、支持和其他助人的領域，因此得靠法律來維持平等。

2010 年《平等法案》

英國於 2010 年頒布《平等法案》（Equality Act），提供反歧視的法律規範，促進人人機會平等。《平等法案》是免受不公平待遇的保護傘，推動公正和平等的社會。《平等法案》的作用是為某些容易受到歧視的個人特徵提供法律保護，使其免受歧視或不公平待遇。這些個人特徵稱為「受保護特徵」（protected characteristics），因下列特徵而歧視任何人是違法的：

- 年齡。
- 身心障礙。
- 種族，包括：膚色、國籍、族裔或原生國家。
- 懷孕或請產假。
- 性別重置。
- 已婚或具有法定伴侶關係。
- 宗教或靈性信仰。
- 性別。
- 性取向。

法律保障具有以下受保護特徵的人：

- 職場工作者。
- 受教育者。

- 消費者。
- 使用公共服務者。
- 購買或租賃地產者。
- 私人社團或協會的會員或訪客。

《平等法案》不限於具有「受保護特徵」的人。法律還保護那些與具有「受保護特徵」相關聯的人免受歧視，例如：朋友、家人、伴侶。法律還保護任何投訴歧視或支持他人投訴的人。

感知

另外還有其他一些因素會妨礙我們不做評價，那就是我們的感受和**感知**（perception）。舉例來說，我有時是一個非常有愛心和善體人意的人──而在其他時候，我不喜歡任何事或任何人，包括我自己。下面的故事詮釋了這一點。這些故事生動地描繪出個人的想法和感受如何影響我們對情境的所見所感，以及這種看法又會如何反過來影響我們在諮商時，關心和支持他人的方式。

感知故事之一

今早醒來，陽光溫暖又舒適。我在床上躺了幾分鐘，聽著窗外鳥兒的歌聲，享受不同的樂音，牠們的歌聲唱到我的心坎裡。我能聽到世界醒來的聲音，伸了個懶腰，打了個大哈欠，起床準備迎接這一天。羽絨被和帶有蝴蝶圖案的枕頭，在我整理床鋪時，彷彿對我微笑。我走進浴室，注意到鏡子裡的我一臉倦容，我用水潑了臉才醒過來。洗澡讓我完全恢復了活力，洗完澡後神清氣爽。上禮拜買了一件新衣服，今天決定來穿它。不錯，非常

合身。我走進廚房,給自己泡了杯茶和烤吐司,享受清晨時光。我在吐司上塗了厚厚一層花生醬,好吃得不得了。我把碗盤放在洗碗機裡,快速擦拭一遍,趕在上班前和我的狗狗班吉玩了幾分鐘。牠是一隻漂亮的金色拉布拉多犬,超可愛。牠就像我的閨密,我確信牠讀懂我的心。

走出家門,我跟鄰居揮手打招呼。他正在修剪籬笆上的忍冬花,也好心地修剪我這一邊,我得買個小禮物給他,表示謝意。對面的農夫正試圖把拖拉機倒車開上我家對面的車道,這可是高難度動作,所以我停下來幫他引路。他告訴我他的女兒生了雙胞胎,他現在有 11 個孫子了。11 個耶!!他邀請我週末去會館參加一個小聚會,我很高興能成為這個守望相助社區的一員。上班的路上雖然塞車,但剛好可以聽一個非常有趣的廣播電台節目,一點也不覺得塞車時間漫長。幼兒園的孩子們正在過馬路,他們像一條長長的毛毛蟲一樣手牽著手,前後都有一位老師護送,確保沒有任何小朋友脫隊,可愛極了。雖然上班遲到了幾分鐘,但我可以用午休時間輕鬆彌補,而且我在一家不錯的公司上班,所以這不是什麼大問題。我利用電腦開機時與同事聊天,注意到老闆發來一封電子郵件,要求我等一下去見她。我有點興奮,該不會跟我申請升職有關吧?好吧,答案很快就會揭曉!會計部的約翰在茶水間裡大笑,他的笑聲很有感染力,我也不禁笑了,儘管我不知道有什麼好笑的。

醒來才一個半小時,就已經發生許多事情。希望今天剩下的時間也一樣美好。

Chapter 6　平等、多樣性與包容

感知故事之二

　　今天早上醒來，被羽絨被熱出一身汗，差點窒息。我在床上躺了幾分鐘，腦袋已經以每小時幾萬公里的速度運轉，塞爆我應該做的事情，並提醒我的生活是多麼的一團糟。鳥兒在窗外吱吱喳喳叫個不停，噪音像砂紙一樣磨著我的腦袋，好像有什麼壞事即將降臨一般。我聽到清潔工人清運垃圾和車流呼嘯而過的聲音，還有一些白痴在建築工地上大吼大叫。我只好起床，因為臥室裡片刻不得安寧。床單掉在地上，我用力將它撿起來放好，整理完已是汗流浹背，脾氣也變得更壞了。我走進浴室，照了照鏡子，簡直不敢相信鏡子裡的人是我。我看起來像個老太婆，不知道我怎能帶著這張臉出門。洗澡差點讓我心臟病發作，蓮蓬頭沒有熱水，為了調整溫度，我差點嗆死自己，煩死了。我快速沖洗完畢，穿上上週買的新裙子，又是慘不忍睹的畫面。我看起來就像一個被壓進保險套的彈跳球，難看死了！我自己看了都想吐。我趕緊脫下裙子，穿上緊身褲和寬鬆的上衣，氣我把自己變成一個肥胖、醜陋、貪婪的怪物。

　　我走進廚房，泡了杯茶和烤吐司，結果吐司卡在喉嚨裡。我已經太胖了，應該吃水果而不是烤吐司加一大團花生醬，活該我看起來像一隻貪婪的豬。小狗班吉聽到我的聲音跑了進來，牠想出去散步，但必須等我忙完，我對自己沒有及時起床感到內疚。牠撲向我，甩了我一身狗毛，我根本來不及躲。我朝牠大吼一聲，把牠推開。我甚至不知道當初為什麼要養狗，我又不喜歡狗，養狗的責任太重大了。

　　一走出家門，就看到鄰居正在修剪共用籬笆上蔓生的忍冬花。他也修剪我這一邊，但他為什麼不管好自己的事就好？他一

定要讓我丟臉和惱火就對了，假好心！管到我這邊來，忍冬花不整齊又怎樣？我真的不喜歡他，但不得不堆起笑臉。我向他揮揮手，假情假意笑了一下。我氣自己揮什麼手啊，我又不想這麼做，媽的！對面的農夫正想把拖拉機倒車開上我家對面的車道，活像個白痴又可笑的馬路三寶。他的笨女兒又生了小孩，週末村裡要辦個聚會，我寧願吃自己的腦袋，也不願和他們有任何瓜葛。我希望他的拖拉機被困在泥濘中一個星期。上班路上交通壅塞，我想對那些龜速開車的人尖叫，實在很想找一台車撞過去，有些智障只配走路。接著，一群幼兒園的小鬼擋在十字路口過馬路——快點，快點，快點，快點，急死我了！我上班要遲到了，都沒有人為我想一想嗎？爛工作。我的同事只會聚在一起聊天打屁——把我晾在一邊——真是一群無知的長舌婦。上班後電腦上跳出的第一封電子郵件是老闆傳來的，要我等一下去見她。她到底想要怎樣？她怎麼知道我遲到了？我做錯了什麼？如果她認為可以恐嚇我，我會叫她滾到一邊去，去妳的！會計部的約翰在茶水間大笑，有什麼好笑的？他最好不是在笑我。

才起床一個半小時，我就已經失去活下去的意志。

上面兩個例子都是同一個人同一天的所見所感。除了感知不同之外，沒有任何差別。感知在我們如何看待世界，以及我們如何看待和評價他人方面起著重要作用。

如果你習慣自我貶抑，往往很難看到人們和世界的美好之處。

如果你懂得自我悅納，往往也會看到他人和世界的良善之處。

我們對他人的評價，通常取決於我們對自己的感覺。亦即，當你用一隻手指頭指著別人的同時，有四隻手指頭指著自己。有些人的腦海像是一台壞掉的收音機，卡在某個名為「廢物雜音」的頻道上。早上醒來一睜眼，廢物雜音頻道隨即打開，被同一首老掉牙的歌曲震聾了：

你是廢物，你是廢物，你知道你是廢物⋯⋯

如果你是那種腦子裡播放廢物雜音的人，每天早上要記得去關掉它。

一學就上手的諮商技巧

Chapter 7

助人關係與
歷程

助人歷程（helping session）是指任何使用諮商技巧的互動過程。助人歷程的時間長短、結構和內容，依專業角色和實施場域而異，就像諮商技巧可用於許多不同的專業角色和實施場域一樣，因此，助人歷程的形式不一。助人歷程的其他名稱包括：

- 支持性會談
- 傾聽空間
- 心理諮商
- 關鍵工作會談（keywork session）

助人歷程形式繁多，且通常是某一專業角色的工作內容之一，所以很難用單一術語概括。簡單地說，就是使用諮商技巧來支持他人的這段時間。

助人關係或工作同盟

當雙方相遇，其中一方關注另一方的需求時，即形成一段助人關係。助人關係又名**工作同盟**（working alliance）。Bordin（1979）將工作同盟概念化為三部分：任務、目標和連結。任務是指助人者和服務對象根據當前關注的問題，雙方同意需要完成的事情，以實現服務對象的目標或期待。這些任務建立在彼此的信任感上，推動服務對象更接近目標。其他名稱如助人同盟、治療關係和雙人同心（support dyad），都表明一方協助另一方，兩方「站在同一陣線」，為實現預期結果而共同努力。

如同助人工作，助人關係包羅萬有。它可能是持續多年的醫病關係，也可能是僅與主管的幾分鐘互動。此外，支持的提供方式也可能有極大差異。警官和護佐都可運用諮商技巧來形成工作同盟，但所提供的關係和支持性質卻是大相逕庭。使用諮商技巧來幫助和支持對方的角色包括：

- 護理人員和患者
- 社工和個案
- 看護和被照顧者
- 戒治機構和戒治者
- 獄政人員和收容人
- 教師和學生

這些只是其中一小部分，顯示描述助人者和服務對象角色的名稱不勝枚舉。

活動7.1｜何謂可靠且值得信任的助人者？

- 寫下你認為可以運用諮商技巧來助人的專業和志工角色。
- 你認為諮商技巧為何能提高這些角色的服務效能？
- 這些角色有沒有幫到你的忙？
- 你和這些角色是怎樣的關係？
- 你覺得什麼有幫助、什麼沒有幫助？
- 想一想你是否有感到恐懼、痛苦和孤獨的時刻，被某人嚴重傷害的時刻，沮喪和絕望的時刻，或是做了讓你感到非常愧疚的事情的時刻。
- 你當時需要什麼？
- 你獲得了哪些支持？
- 你能夠並願意尋求支持嗎？如果不能，又是為什麼呢？
- 在那些最黑暗的時刻，你希望具備什麼技巧和特質的人來幫助你？
- 你能坦誠地談論你的感受、問題和內心的掙扎嗎？
- 如果沒有，是什麼阻止了你？

> 關係是雙方的情感連結。關係有時像電流般乍然出現，又或如被喚起的情緒得到對方的關注並彼此來回地相互回應時，關係也在悄悄地萌芽和發展。當我們發自內心地與對方相處時，我們會感到彼此「一體相關」（Perlman, 1979, p. 23）。

許多專業人員在其職責範圍內運用諮商技巧來催化正式和非正式的互動。除了運用諮商技巧來助人外，專業人員還可以透過其他方式提供幫助，例如：協助填寫表格、協助滿足他人的生存需求、協助做家務、協助輔導課後作業、協助交通運輸等。與正式的晤談相比，這些助人互動自發性較強，但結構性稍弱，因此不易推動歷程進展。較為正式的助人晤談具有明確的界線和結構，創造出安全的傾聽空間。

一次性的非正式互動可以是在走廊、運動場或鄉間散步時的 5 分鐘閒聊，這時可以使用諮商技巧來有效地傾聽和回應。儘管不似正式晤談般有計畫性、預定的結構和聚焦議題，但這些非正式的互動不會因為**臨時起意**或「偶然」的性質而失去價值。相信許多人都可以回憶起曾經改變生活的一句話或短暫的相遇，記起當時有人願意花時間真正看到和聽到我們的心聲，並讓我們感覺到自己被聽見、理解和接納。有些微小的互動是無價的，這些時刻將永遠留在我們的心中。

在《助人的藝術》（The Art of Helping Others）（2008）一書中，Smith 與 Smith 指出助人工作的形式多元，幾乎時時刻刻、隨時隨地都可以助人：

> 這裡所說的助人方式主要是晤談，透過晤談探索和擴大經驗，任何時間地點皆可（很多情況並非助人者刻意安排）。然而，僅僅從諮商、教學或教育的角度來描述助人角色未免過於狹隘。要理解這些人實際在做什麼和表達什麼，必須援引各種思想

和行為傳統。這種形式的助人包括：傾聽和探索問題、教育和提供建議、提供直接的協助、正直的人品（Smith & Smith, 2008, p. 14）。

學習手記

上個禮拜，老師要求我們回想一下生活中感到恐懼、痛苦和孤獨，或被某人嚴重傷害，或者我們做了一些愧疚的事情、覺得沮喪和絕望的時刻，以及想想我們當時需要什麼，我們可以去哪裡尋求幫助。

我立刻想起幾年前我罹患產後憂鬱症的時候。懷孕期間雖然高興，但在兒子出生後不久，就感覺到一片可怕的烏雲籠罩著我。我勉強拖著步伐前進，每件事情都讓人筋疲力竭，包括我兒子。我對他沒有愛，甚至沒有感情，說來丟臉，有時我真的以為我恨他。我既不洗澡也不照顧自己，只想蜷縮在角落裡，永遠閉上眼睛。我確實想過結束我的生命，那段日子整天以淚洗面、失魂落魄。我不知道我需要什麼或什麼能幫到我，茫然不知所措。不過，我知道什麼是無濟於事的。先生有試著安慰我，但他無法理解我的痛苦；他想讓我振作起來，接著又因我不振作起來而生氣。家人和朋友說出來的話是：

你要多為寶寶想想。

你這人怎麼回事？

來吧，趕快振作起來。

比上不足，比下有餘。

要心懷感恩。

我不知道該拿你怎麼辦。

你不愛我嗎？

我做錯了什麼？

你不是已經難過得夠久了嗎？

這世界不是只有你最慘。你要知道，還有人比你更慘。

幸好，我的家訪護理人員就像天使般翩然出現。她做了什麼？她聽我訴說。不管我說什麼，或什麼都不想說，她都聽。她還向我解釋了什麼是產後憂鬱症以及有哪些治療方法，但她並沒有試圖強迫我做任何事情，而是以自己的實際行動為榜樣。最重要的是，她沒有評判我，也沒有試圖說服我擺脫情緒。很難解釋她到底做了什麼，但她的來訪就像沙漠中的綠洲。她對我的幫助很大，但不是因為她做了什麼，而是她和我在一起的方式幫到了我。她從不貶低我，不像我的許多朋友和家人，對我說話時就像我是個小孩子一樣。還有，她從不沒完沒了地說寶寶的事——那時我認為兒子是個「幼小的動物」，而不是「我的寶寶」。

慢慢地，我開始跟她談我的感受，我下定決心去看醫生並服用抗憂鬱藥物。她支持我做出自己的決定，並與我討論就醫可以提供什麼幫助。當我逐漸康復，她來訪的次數減少了，直到我痊癒為止。她從來沒有告訴我必須做什麼，也沒有在我還沒準備好時強迫我做任何事。我的主治醫師雖然和善可親，但幫助我的方式完全不一樣。他問了很多問題，讓我感覺我是一個需要解決的問題。我不記得我的家訪護理人員問過任何問題。總之，她很善良，是真正的善良。我認為善良在助人和支持工作中並不是最突出的部分，但在我看來，加入善良後，諮商技巧的功效會大大提高。事實上，當我回首來時路，最讓我印象深刻的是人們展現善良的時刻。

事隔多年，只要一想起她，心裡就暖暖的。我真的希望我能像她一樣陪伴一個絕望的人。身處在人生最可怕的風暴中，她真的是一個溫柔而堅強的陪伴。

教師的回饋

我幾乎沒有什麼可以補充的，因為你的手記充分描述了你是如何在困難和黑暗的時刻得到支持。你現在的生活中，還有人像家訪護理人員一樣地關心你嗎？你有哪些關係可資運用，能提供你支持和接納？你是別人心中溫柔而堅強的夥伴嗎？

我同意你對善良的看法，它可以改變人生。套用一句話：「善良不是軟弱。」仁慈並非越界、拯救或安撫。善良是體貼、溫暖、溫柔；仁慈是關心和掛念，需要具備勇氣和力量。此外，善良也是一種美德，不加諸期望或需要任何形式的讚美或獎勵。善良來自於一顆開放和慷慨的心。

我想補充一點⋯⋯想到你的家訪護理人員時，我也有一種溫暖的感覺。

如前所述，每個人修習諮商技巧的原因和目的各不相同。許多人認為修這門課是成為諮商師的第一步，有些人則想透過技巧訓練改善人際關係。試圖一一釐清所有類型的助人關係、工作同盟和互動的性質和特色，很容易迷失焦點，反倒掩蓋助人工作的真正價值——即以有意義的方式協助真正有需要的人。儘管如此，我們仍可以在不同的意義和目的之間找到自己的定位，專注在如何幫助和支持那些無論何種原因而生活艱難的人。影響關係類型的因素雖多，但初衷還是一樣：在安全、尊重和合乎倫理的工作同盟中，使用諮商技巧關注對方的期望、需求和能力。

助人關係的價值

許多人可能都罹患我所謂的「人類狂犬病」。我們的內心明明很想與人親近，想得到支持和關懷，但不知為何卻心生抗拒，孤立和退縮，無法伸手去獲得如此迫切需要的關心和支持。和狂犬病一樣，患病的動物非常口渴，但又害怕水。這個比喻幫助我們瞭解，對某些人來說，關係是非常可怕和痛苦的，但並不意味著他們不想要關係。

助人關係是使用諮商技巧協助和支持他人時最重要的因素。有許多方式可以用來促進與服務對象建立安全和關懷的關係。善心美意固然重要，但必須以理解、自我覺察和意願為基礎。對服務對象咆哮說我們是來幫助他們的，並堅持要求他們得到幫助，這是本末倒置。令人為之汗顏的是，在專業知識和協助不足以讓服務對象改變的情況下，有許多專業人員彷彿自身受到重擊一般。助人不是強迫、控制和威逼。我們不知道服務對象曾遭遇、經歷過什麼，我們無權將意見和期望強加於他們身上。如果對方沒有按照我們期望的方式行事，那麼該檢討的是我們，而不是服務對象。我們不該因服務對象進步神速，便沾沾自喜、享受成功的榮光；也不該因服務對象失敗退步，就轉而惱羞成怒和無地自容，將挫敗感發洩到服務對象身上。

David Ellerman（2001）提出五項原則：

- 助人必須從服務對象的現狀出發。
- 助人者必須從服務對象的角度看問題。
- 助人者不能把意見強加於服務對象，侵犯到服務對象的自主權。
- 服務對象不能將助人視為善意的禮物，避免服務對象產生依賴。
- 賦予服務對象主導權。

助人關係

活動 7.2 | 助人關係

下表為有助於形成和維持助人關係的相關技巧或素養。為每一項目評分，滿分為 10 分，並請說明你的給分理由。

技巧或素養	給分	理由
信任		
耐心		
關心		
善體人意		
接納		
寬容		
不評價		
善良		
自我覺察		
希望感		
心胸開闊		
樂意		
誠實		
可靠		
守信守時		
公平		
韌力		
積極		
勇氣		

技巧或素養	給分	理由
承諾		
熱情		
正直		
界線分明		
保密		
善於傾聽		
善於溝通		
善用資源		
有幽默感		
合乎倫理		
悲憫		
智慧		

完成上述活動後,再回顧一下這些技巧和素養,並思考如何知道對方具備某些技巧或素養?例如:

如何知道對方是否值得信賴?

如何知道被對方接納了?

如何知道對方是否關心?

以上都是建立和維持助人關係所需具備的重要素養。你可以每天選擇一項來反思,想想該如何獲致這項素養。它們是你與生俱來的稟賦,還是你需要努力培養的能力?

技巧通常透過外在學習而來,而素養是內在自我的本質,兩者都可以成長和精進。若能和服務對象建立安全和信任的關係,關係建立的目的自

然會明朗開展，助人工作本身也會開花結果。這種關係不是要成為專家，告訴對方應該做什麼，也不是要展現權力和權威，或是比對方更優秀、更有能力。這是兩個會犯錯和不完美的人，帶著各自的性格和擔憂相遇，一起尋找前進的道路。這是一種有利於改變和成長的關係，但絕不會強人所難。

只有認識並接納自己的恐懼、不安全感、受傷和掙扎時，我們才能理解和接納他人的這些面向。數以千計的書籍闡述了改變與發展，並提供促進改變和前進的技巧。我的想法是，唯有審視自己，以及瞭解改變、繼續前進、放手和生活是多麼不容易，我們才能真正體會到困境真的是困境。有誰想過哪一天醒來時自己會是這樣……

> 「我知道我今天會把事情搞得一團糟。我會脾氣暴躁、愛嚼舌根。儘管正在節食且討厭自己的體重上升，我還是會不停地吃蛋糕。我要在工作會報上嘲笑自己，與同事爭個你死我活，固執己見絕不妥協。我要一個人在車裡大哭，因為我不喜歡自己，也不相信還有人喜歡我。我要用說謊來逃避困境、自怨自艾，因為不會有人來救我。我要放棄把事情做好，在我內心的任何角落，都找不到積極的想法或一丁點希望。」

沒有人會希望用這種方式度過一天，但有時就是身不由己，半點不由人。有助人的機會時，我們需謹記這點。我們都會掙扎，我們都會受傷，有些日子是黑暗和絕望的，並不表示我們是壞人或是弱者。相反地，正是這些親身經驗和自我覺察，幫助我們建立穩固的助人關係。正視自己的弱點和黑暗，才不至於責怪和批評那些處於脆弱和黑暗中的人。我們能做的就是和他們一起坐在黑暗中，耐心等待黎明到來。我們不能強迫或催促黎明到來，這不是我們的工作，沒有必要、也不可能做到。我們只需等待，懷著理解、慈悲以及明白有些夜晚是多麼黑暗和漫長，這樣就足夠了。

誠然，他們之所以與眾不同，不在於他們傳授的知識或提供的建議，而是他們與我們彼此同在的方式。我們相互重視，感受到彼此的生命力，也從晤談當中獲得領悟（Smith & Smith, 2008, p. 57）。

助人歷程

確保助人關係安全可靠的最佳方法，就是確保助人歷程安全可靠。助人歷程的理論不一而足，首先，可以採用初期、中期和結束的助人歷程，每個時期各有其組成要素。第 4 章學到的諮商技巧貫穿整個歷程，催化助人歷程開展。

💬 助人歷程／助人關係初期

初次晤談充滿許多未知數，最主要的未知數是你們是完全陌生的人。如果要去某個地方，我們會想知道具體情況如何、我們必須做什麼、會發生什麼事等等，例如：音樂廳或劇院會提供節目表來告訴觀眾演出流程。服務對象或許對你的角色有不切實際的期待，你必須向他解釋你可以提供什麼服務，他才能理解你的服務內容是否符合他的期望。助人歷程必須設定界線，**界線**（boundaries）是限制，是晤談的基本規則，是為了保障助人者和服務對象的安全。本書第 8 章將有更深入的討論介紹。

界線是根據服務對象的需要，為了彼此的關係安全而設定的限制（Peterson, 1992, p. 74）。

正式諮商的界線比一般助人關係的界線更容易定義和維護。助人關係通常另有職責在身，包括（但不只限於）使用諮商技巧。舉例來說，護理人員既要關注患者的身體需求，也要懂得使用諮商技巧來提供情感支持。

某些助人行為，包括如廁和身體接觸，必須以照顧和尊重患者尊嚴的情況為前提；多數的諮商會在指定的房間裡進行，但許多的助人互動是在患者家中進行。儘管界線可能因場域和角色而異，但在與服務對象合作之前，皆需要確定一些基本界線，並在助人初期就先取得共識。

能力限制

你必須讓對方知道你是誰，以及你能為他們提供什麼幫助。

> 你好，我叫＿＿＿＿＿＿＿，我是你今天的助人者。在我們開始之前，我想讓你知道，我的職稱是 XX。雖然我不是醫生或諮商師，但我有接受過諮商技巧方面的訓練，希望今天有機會能聽聽你的心聲和聊聊你的心情。你可以自己決定是否願意跟我晤談。聽到這裡你覺得如何呢？

時間

要讓服務對象知道這次晤談會花多少時間。否則，晤談可能遲遲無法結束，比你預計的時間要長的多。此外，如果助人者在沒有任何預告的情況下突然結束談話，恐怕會讓服務對象覺得被拒絕甚至被拋棄。

> 我們今天有 20 分鐘的時間讓你暢所欲言。
>
> 我們今天的 20 分鐘即將結束，距離結束只剩下幾分鐘了。

保密

更為重要是，必須讓服務對象知道哪些談話內容會保密、哪些不會。諮商過程中的保密不是絕對的，有其限定範圍。保密主要與安全和防範措施有關，不能逾越法律訂立的標準，例如：毒品交易和恐怖主義（第 8 章將更詳細介紹保密）。其他的保密限制包括：如果你是團隊的一分子，保密的範圍將擴及團隊，意指服務對象告訴你的內容將以團隊為範圍來保

密,而不僅限於你一人。無論助人角色和場域為何,服務對象都需要知道你能為他們保密的程度和限制,再來決定可以放心透露的內容。在明白訴說內容會被保密的情況下,服務對象才有可能坦誠地傾訴敏感和痛苦的問題。如果後來發現你已經告訴其他專業人員,甚至家人,他們會覺得深受背叛。

> 我想和你談談保密問題。我們在這裡談的每件事,只有我們兩個知道,但也有一些例外,像是一些法律例外的情況,例如:⋯⋯,還有一些是有關安全界線的,例如:⋯⋯,聽到這裡你覺得如何呢?你對保密有任何疑問嗎?

晤談的主體

晤談的主體集中在服務對象的期待和需求。需求因人而異、因情境而異。服務對象各有其希望達到的目標或希望解決的問題。有些人希望助人者不帶評價地傾聽;有些人想要改變他們的生活,有些人想改變自己的內在,例如:提升自信或自尊;有些人想分享感受,有些人想分享想法;有些人想告訴你他們受了多少傷害,有些人想告訴你他們是如何傷害別人的。求助原因並不重要,你的職責是以善意和悲憫為初衷,運用傾聽和回應技巧來展現理解和接納,營造一個安全的空間,讓服務對象可以隨心所欲地談論任何話題。

結束晤談

結束可能是困難和費力的。如果處理不當,即使是短暫的晤談也會引發痛苦的情緒。重要的是謹守時間界線。如果你已經告訴對方有一段特定的時間要晤談,請務必遵守約定,提早結束或超過時間表示你不可靠或不

值得信賴。告訴服務對象時間，能自然地帶入結束，才不致顯得倉促突然。

> 在結束之前還有幾分鐘。你還有什麼想說的嗎？

在晤談即將結束時，使用摘要技巧統整已經談過的內容，並傳達你的關心和理解，使晤談平順地結束。

> 我們今天的談話時間即將結束。我們談到很多與你的新工作有關的事情，包括：令人愉快的事和不愉快的事，以及新的開始會有多困難，儘管並不容易，但你仍想辦法前進。

在晤談的最後，可以預告下次的晤談時間，並確保兩次晤談之間安全無虞。確認服務對象對結束晤談是否感到安心。

> 你現在感覺如何？

結束前的重點為放慢談話速度並結束對話。清楚告知下次晤談的時間後，明快和及時地結束今天的晤談。

> 今天的時間要結束了，謝謝你今天來到這裡，我們下週見。

一學就上手的諮商技巧

Chapter 8

倫理、界線與保密

倫理

　　許多角色、專業及場域都會使用諮商技巧，倫理準則是確保助人工作對任何人都受益且不會造成傷害的必備條件，以此敦促助人者安全和適當地使用諮商技巧。

　　「倫理」（ethics）一詞源自希臘語 ethos，意思是常規、慣例或品格。倫理指引我們決定該做哪些行動以及如何行動，並驅使我們依據健全的道德原則做正確的事。倫理涵蓋以下幾個面向：

- 權利與責任
- 道德決策──何謂善惡？
- 是非問題
- 如何最佳地支持他人過著安居樂業的生活

　　Richard William Paul 與 Linda Elder（2006, p. 2）將倫理定義為「指導我們判定哪些行為裨益或傷害世間萬物的一組概念和原則」。《劍橋哲學辭典》（*Cambridge Dictionary of Philosophy*）（R. Audi, 2015）指出，「倫理」一詞通常可與「道德」（morality）互換使用，狹義的定義為「特定的傳統、群體或個人的道德原則」。

💬 倫理的定義

　　「倫理」是一個很難描述和解釋的語詞。有時越想釐清，越是抽象複雜。簡而言之，合乎倫理的工作意味著做正確的事。倫理準則可以協助我們做出正確的決定。人是個體，每個人都有獨特的生活，有自己的快樂、困難和問題，各有不同的長處、短處、能力和挑戰。倫理準則鼓勵助人者以非制式規定、但又照顧到服務對象需要的方式提供支持。

英國諮商與心理治療學會（BACP）為諮商專業制定出一套倫理準則（BACP, 2018；請參閱附錄三 BACP 倫理準則全文）。該準則使用「服務對象」（client）和「助人者」（practitioner）兩個語詞，但 BACP 倫理準則的承諾、倫理、原則、價值觀和個人道德素養，與其他使用諮商技巧的助人工作一體適用。該倫理準則指示需將服務對象的福祉置於首位，並採取以下方式達到專業標準：

- 優先考量服務對象的福祉。
- 提供適當的服務標準。
- 在能力範圍內工作。
- 時時精進助人者的專業技能和知識。
- 與團隊合作，提高服務品質。
- 確保助人者的身心健康狀態足以維持工作品質。
- 正確且適當地記錄。

倫理準則以下列方式建立助人者與服務對象互相尊重且適當的關係：

- 將每位服務對象視為獨一無二的個體。
- 保護服務對象的秘密和隱私。
- 與服務對象就服務內容達成共識。
- 與服務對象合作。
- 清楚告知服務對象有權期望什麼。
- 告知服務對象合理的預期效益、成本和承諾。
- 尊重與服務對象之間的專業和私人界線。
- 不剝削或虐待服務對象。
- 聽取服務對象在求助過程中的體驗。

倫理準則要求我們以下列方式維持誠信，撰寫正確且適當的紀錄：

- 誠懇務實地工作。
- 正確告知助人者的資歷、經驗和工作取向。
- 以合乎倫理的方式工作，謹慎地思考如何履行助人者的法律責任。
- 願意與服務對象坦誠地討論任何已知的相關風險，告知服務對象合理的預期效益、成本和承諾，以最好的方式努力實現服務對象期望的結果。
- 無論服務對象是否意識到，皆應及時告知服務對象任何可能的傷害風險或已經造成的傷害，並盡快採取行動減少或修復任何傷害。
- 接受督導並如實檢視助人歷程。
- 留意服務對象在受助過程中的體驗及效果。

這些倫理準則也蘊含了價值觀，並體現在一般倫理信念的行動目標上。這些價值觀包括對以下各面向的承諾：

- 尊重人權和尊嚴。
- 緩解個體的苦惱和痛苦的症狀。
- 提升民眾的福祉和能力。
- 改善人際關係的品質。
- 提高個體的韌力和效能。
- 促進個體對自我和文化脈絡的意義感。
- 欣賞人類經驗和文化的多樣性。
- 保護服務對象的安全。
- 確保助人者與服務對象之間關係的正當性。
- 提升專業知識及應用的品質。
- 致力於提供公平和適當的服務。

價值觀反映在倫理準則上。以準則的方式呈現，定義不但更為精確，也讓助人行動有所依歸。倫理準則關注重要的道德責任。助人者的核心原則有：

- **可信賴原則**：重視服務對象對助人者的信任。
- **尊重自主原則**：尊重服務對象的自主決定權。
- **行善原則**：致力於促進服務對象的福祉。
- **不傷害原則**：承諾不對服務對象造成傷害。
- **公平正義原則**：公平公正地對待所有服務對象，並提供適當的服務。
- **自重自愛原則**：培養助人者的自我覺察、誠實正直和自我照顧。

個人道德素養是形塑我與他人、我與環境關係的內化價值理念。助人者的個人和關係道德素養至為重要。是否具備這些道德素養，與服務對象和團隊的關係發展，以及是否具備足夠的心理素質與韌力來完成工作，具有重大影響。

強烈建議助人者應具備的個人道德素養包括：

- **坦誠**：坦誠告知服務對象任何會使其面臨傷害風險或造成實際傷害的事情。
- **關心**：對服務對象的需求、福祉和能力表現出善意、負責和稱職的關注。
- **勇氣**：既知恐懼、風險和不確定性存在，仍願意採取行動的能力。
- **勤勉**：認真學習有助於提升助人效果的技能和知識。
- **同理心**：傳達理解他人經驗的能力。
- **公平**：為促進機會均等和激發他人最大潛能，在進行決策和行動時公正不阿與堅持原則。

- **謙遜**：正確評估與認識自身長處和短處的能力。
- **一致**：在人我關係中保有自我,是責任感、韌力和行動力的基礎。
- **正直**：與他人互動時品行端正,例如:胸懷坦蕩、真心誠意和言行一致。
- **韌力**：在不損及自我的情況下,處理服務對象問題的能力。
- **尊重**：對他人以及他們對自己的探索瞭解,表現出適當的敬意。
- **真誠**：言行一致。
- **智慧**：具備知行合一的正確判斷力。

活動8.1 │ 道德素養檢核表

以下為 BACP 認定的道德素養清單,反思你與每種道德素養的關係。指出你需要努力精進的地方、要面對的挑戰是什麼,以及你有自信已經具備的素養。

坦誠：

關心：

勇氣：

勤勉：

同理心：

公平：

謙遜：

一致：

正直：

韌力：

尊重：

Chapter 8　倫理、界線與保密

真誠：

智慧：

界線

「**界線**」（boundaries）是用來解釋助人關係如何運作的語詞。界線可以是敘明期望的治療規則，讓服務對象知道助人流程以及他們將如何在助人關係或互動中得到支持。所有的關係都有界線，當界線被打破時，關係就會遇到麻煩。有些界線雖然沒有明說，但卻是健康的人際關係中不可或缺的要素。首先，暴力是不被容許的，當人身安全界線在關係中受到侵犯，會帶來不可抹滅的傷害，難以克服和平復。戀愛關係中的界線與忠誠有關，雙方都同意在這段關係期間對彼此忠誠，如果打破這道界線、對伴侶不忠，造成的痛苦之大可能會讓人想結束這段關係。忠誠也是友誼的重要界線，朋友之間互相傾訴敏感和痛苦的心事，不會希望朋友在背後說長道短。如果朋友隨便向外人傳播流言蜚語，猜疑和不信任就會產生，進而對其他關係失去安全感，很難再次敞開心扉分享。

界線也需要隨著友誼進展而調整。當界線無法達成共識或無法維持時，關係就會岌岌可危。在一段友誼當中，若總是一方傾訴、另一方傾聽，長久下來，關係漸漸失衡，怨氣和怒氣悄悄滋生。要說出這些起伏不定的心情並不容易，只好連續聽幾個小時，直到頭痛欲裂，瀕臨爆炸邊緣。如果不把界線問題提出來討論，友誼可能走向決裂。朋友間的金錢借貸也是一樣，借錢而不歸還，友誼漸生嫌隙。但即使內心煎熬，有些人還是不敢開口向朋友討回金錢。許多的傷害說不出口，如果你在與家人、朋友、同事等個人界線之間進退失據，幾乎可以斷言你在助人工作方面也會

遇到同樣的困難。倘若因為害怕結束談話而忽略了自己的感受和需求，一直讓朋友占用我們的時間，花幾個小時聽他們訴苦，同樣的狀況也會讓你很難及時結束助人晤談或互動。如果有人一直要求我們為他做一些我們真的不想做的事，導致我們難以為自己的生活負責，只因為你無法拒絕，在助人工作中恐怕一樣重蹈覆轍。

為何說「不」這麼難？原因林林總總，像是害怕被拒絕、傷害對方、衝突、不安、他人的憤怒或痛苦、失去友誼、被批評、被說閒話……無法一一列舉。由於難以說「不」，只能訴諸許多無益的行為來試圖控制這種情況，例如：找藉口、操縱、逃避、一次又一次地同意然後又憎恨自己的軟弱、說謊、責備、討好、拯救等等。我們在人際關係中的行為和反應，必然會跟著帶入助人工作中。我們必須找到方法來克服恐懼，找到我們的「不」。這不一定是表面上的「不」，而是一個安靜的、內心的「不」，也就是自己決定界線並承諾不允許界線受到侵犯。這說來容易做來難，而且肯定是一項須持續進行的功課。對這些在人際關係中受過傷的人來說，說「不」是一條漫長的道路。我的做法是，把電話藏在另一個房間裡，避免陷入兩難或口是心非、陽奉陰違，因為我還找不到勇氣向對方說「不」。

下面的活動 8.2 不是要用來戳你的痛處，而是帶你認識自己的哪些界線可能較為薄弱或容易受到侵犯。唯有知道哪些界線容易受到侵犯，才能學習如何捍衛界線。

活動 8.2 ｜ 個人界線

請反思下表的每個場景，回想你慣常的反應和感受，寫下你在每個場景中的做法和說法。

場景	慣常的做法和理由	感受	你希望能做什麼或說什麼？
你的朋友請你幫忙照顧孩子，但你原本想安靜地度過一天。	答應朋友的請託，因為我並沒有具體的計畫，而且看她壓力這麼大，我也不好受。	討厭、懊惱、生悶氣，因為好不容易有休假。	真的很抱歉，我今天沒空。
你的兒子想要借你的車去參加工作面試，但上次借他車時，他把車子撞壞了。	抱歉，離合器壞了，我在等修理廠來牽車。	為自己沒能幫上忙而感到歉疚，認為如果他沒得到這份工作，那將是你的錯。害怕他會發現你撒謊了。	不行，抱歉。
老闆交付你額外的工作，你無法在下班前完成。			
一個非常需要關懷的朋友每天打電話來，哭訴她這陣子的生活是多麼糟糕。			
你的表姊聽說你得到工作獎金後，向你商借一些錢來支付她的婚禮費用。			

場景	慣常的做法和理由	感受	你希望能做什麼或說什麼？
幾個月前，你同意幫忙籌辦園遊會，但現在你已經精疲力盡、苦不堪言。			
一個朋友告訴你，他們一家四口想來看你，想住在你家幾天。你不是很樂意。			
媽媽請你開車送她去500公里外的地方參加葬禮，還要等葬禮結束再載她回家，打亂你原本的計畫。			
同事站得太近，讓你感到不舒服。			
一位朋友批評你的外表，說你應該打理一下髮型或減肥。			
聽到有人大言不慚地誹謗他人，並發表種族主義的言論。			
一個你幾乎不認識的人想和你成為朋友，並送你非常昂貴的禮物。			

經營人際關係就像穿越地雷區，痛苦在所難免。我們太容易把別人的感受放在自己的前面，只敢在極端情況下說「不」，例如：「很抱歉我不能照顧你的貓。要不是我的房子爆炸了，我的兩個腎臟都衰竭了，不然我真的很樂意幫你的忙。」在維持個人界線時，一個非常重要的問題是：「為什麼我看重你比看重自己還多？」這個問題適用於一般人際關係和專業關係。幫助別人並不表示要放棄自己，進行助人工作的同時，別忘了也要自重和自愛。

物理界線與實際界線

躺在床上的嬰兒不一定安全，他可能會摔落地面弄傷自己。嬰兒床的兩側必須設置能保障安全且不會傷害嬰兒的屏障。房子周圍一般都有界線，這樣人們才知道什麼土地是自己的，什麼土地是別人的。一旦邊界確立，才能避免侵犯所有權。每個國家都有邊界，若侵犯他國疆界，可能引發戰爭。即使是一杯茶，也需要有杯子的界線！所謂助人工作的物理和實際界線，通常是指環境設施。環境設施依助人角色而定，例如：在醫院工作的護理人員或在學校工作的教師。某些助人互動非常簡短或發生場域不一，例如：走廊、停車場、等候室、教堂等。但是，理想情況下，助人環境必須在以下幾個方面設定適當界線：

- **隱私**——關緊的房門，沒有其他人打擾。
- **電話**——關機。即使切換為靜音，簡訊或通知的震動聲也可能會造成干擾。
- **無障礙環境**——需讓身心障礙者或行動不便者能夠容易地進入晤談空間。若讓人不得其門而入，即使是最美麗的空間也毫無用處。
- **可以坐的地方**——這聽起來很容易，實則不然。座椅要能讓人放鬆，破損或坐起來不舒服的椅子不適合談話。

・**擁擠雜亂**──雜亂的空間會讓人分心，注意力容易轉移到想看清楚房間裡的一切，而不是關注對方的感受。

💬 身體的界線──碰觸

碰觸是非常複雜的問題，避免碰觸是上上之策。如果你正在支持一位陷入痛苦的人，你的直覺反應可能是想擁抱或撫摸安慰他們，然而有些人可以接受，但有些人卻不喜歡被碰觸。他們可能在碰觸方面的經驗不佳，例如：受到暴力和虐待。就算是關愛的擁抱也可能會被視為威脅，導致他們緊閉心門。有時助人者會想用擁抱來停止並結束痛苦，但這並非助人工作的目的，助人工作是傾聽痛苦和煩惱，協助服務對象理解並調節情緒。如果我們告訴他們必須收起情緒，等於是在說情緒太多無法承受。如果我們不能聆聽和忍受別人的痛苦，我們又怎能期望他們能夠承受住呢？

保密

保密（confidentiality）意指建立信任關係，將個人所有的詳細資訊加以保密，未經服務對象明確同意，不會透露給第三方。保密確保個人的隱私受到保護，尤其是在處理敏感的、高度個人化的訊息時，設定限制不得獲取個人資訊的安全防護系統。保密是用來強化服務對象對助人關係及接受服務的信心。服務對象瞭解助人者在未經其同意的情況下不得洩露秘密，如此服務對象方能安心無慮地坦露令其痛苦的細節。保密有助於提供專業且方便使用的服務。

💬 保密的限制

保密不是絕對的，在某些情況下必須打破。保密有一些必須遵守的法

律限制。有些組織和機構依其職權範圍不同,另訂有額外的限制,例如:某些機構要求如果違反任何法律,就得破壞保密,而其他機構則無此規定。無論特定場域設定的保密限制為何,在服務對象開始說話之前,都需要明確地告知他們保密的條件。唯有如此,才能讓服務對象知曉哪些情況完全受到保密,他們可以自行決定說什麼和不說什麼。在服務對象毫無顧忌地談話後,才告訴他們你要透露給第三方或通知主管機關,這是不公平且不合乎倫理的。在某些機構中,助人者和服務對象之間沒有秘密,任何訊息都可以分享給整個團隊。同樣地,也必須讓服務對象知道整個團隊的成員都會得知其所訴說的內容。

諮商技巧使用者是在該專業的保護下從事助人工作,專業人員須清楚傳達政策和流程,包括:保密及其限制。這些為助人者和服務對象而制定的政策和流程,是為了讓該專業的目標與任務更上一層樓。需要注意的是,為因應瞬息萬變的法規,助人者亦須及時瞭解相關法律。

> 我對專業精神的理解是,重視紀律,瞭解並遵守一套價值理念。這些價值理念由法律規章、專業組織章程和指南、雇主政策、規範與準則組成,綜合詳細說明可預期的行為。應使用這些法規、政策、規範與準則來確定角色和責任,進而設定界線(UK Essays, 2018)。

學習手記

保密

知道運用諮商技巧的支持人員並非對所有事情都保密時,我真的很驚訝。就連諮商本身也不是完全保密的。我以為諮商就像和牧師談話一樣,

什麼事都可以說，不會產生任何後果。我不知道諮商那麼複雜，有各式各樣的法律和種種事項得考慮。我覺得這樣很煩，太過於講究事實和細節。我知道安全很重要，但所有的規章制度都有可能成為建立信任關係的絆腳石。我同意若兒童受到傷害，實有必要採取一些措施。但如果服務對象所說的無法被保密，又怎能發現兒童虐待情事？舉例來說，如果我因為應付不了孩子，藉酒澆愁，脾氣變得暴躁易怒，在心煩意亂之下打了孩子。我知道打小孩是錯的，但我實在身不由己，無法靠自己停下來。我知道我需要幫助，但假使我知道助人者會告訴主管機關我的虐兒行為，我當然不會尋求幫助自討苦吃。我需要的幫助是停止我正在做的事情，但我可不能自揭家醜。對我來說這就像個惡性循環。

　　開始上這門課後，我去了戒治中心當志工。戒治中心裡有設置收留處和針頭換新處（譯注：讓使用非法毒品的人可以把弄髒的舊針頭換成乾淨的新針頭），協助戒治者安全地使用藥物。在某些地方，如果有人以任何方式觸犯法律，表示可以打破保密規定。在戒治中心裡，這代表完全沒有保密性。違反保密規定的法條之一是「毒品走私」。這是什麼意思？只有毒品走私才算嗎？它適用於所有藥物嗎？是不是意指帶毒品入境？帶多少入境才算？跟帶什麼藥物入境有關係嗎？我認為，只對服務對象說：「毒品走私不在保密範圍內」是不夠的，因為連我自己也不知道那是什麼意思。「洗錢」也是一樣。多少錢才算洗錢？哪些貨幣適用？還是指所有貨幣？只是非法所得的錢嗎？要通報與金錢有關的事，但卻不用通報家庭暴力，這不是很奇怪嗎？這好像在說金錢比生命更有價值。

　　幾年前，聽到一位諮商師談論如何處理性、身體和情感虐待問題。她回想起有一次，一個小女孩向她透露，她被父親虐待了。諮商師打破保密並通報社會服務部門。當社會服務部門與女孩聯繫時，她否認曾說過那樣的話，還說她在家裡得到很好的照顧。我不知道真相究竟為何，但我認

為，如果諮商師沒有那麼快洩露秘密，她說不定可以與女孩一起工作更長的時間，並協助安置該名受虐女孩。

教師的回饋

說到保密，你的話語中充滿了憤慨和情緒。相關的問題包括：「哪裡可以安全地談話而不用擔心遭到報復？」「誰會為我保守秘密？」我猜想你是否曾有過秘密沒有得到信任的人保護的經驗。我確實同意場域和角色決定了保密的一些限制。比起服務毒品和酒精戒治的助人者，服務兒童或弱勢群體的助人者在保密方面可能受到更多限制。

打破或維持保密，與懲罰或告密無關，而是要為服務對象提供更適當的協助和支持。保密是要讓受到傷害或有傷害風險的人獲得協助和支援。我同意你關於洩露兒童遭受虐待，反倒讓兒童出爾反爾的觀點，但某些情況並沒有簡單的答案或回答，也沒有辦法預知未來以找到正確的行動方案。這些困境確實突顯專業支持和督導的必要性，沒有人應該獨自承受這些重擔。

你談到保密的一些法律限制，老實說，你提出了我從沒想過的有關毒品走私和洗錢的問題。1994 年的《毒品走私法》（Drug Trafficking Act）規定，未向警方通報懷疑或知悉毒品洗錢活動的行為，屬於刑事犯罪。洗錢的確是指犯罪所得。2002 年《犯罪所得法》（Proceeds of Crime Art）和 2007 年《反洗錢條例》（Money Laundering Regulations）都和保密限制有關。我不清楚是否涉及特定藥物和金額，你或許可以好好研究一下。

活動8.3 | 倫理檢核表

用1到10對以下情況進行評分：

1 =非常不符合倫理

10 =安全和符合倫理

反思以下每種情況的可能後果（好處和壞處）。

- 助人者告訴服務對象個人自用的電子郵件、居住地址或電話號碼。
- 助人者向服務對象借書。
- 助人者借書給服務對象。
- 助人者和服務對象用私人手機號碼聯絡。
- 助人者為提供安慰和支持，碰觸服務對象的身體，例如：擁抱、親吻臉頰、撫摸手或臉。
- 助人者在工作日和私人時間與服務對象長時間通話。
- 助人者在工作時間穿著挑逗撩人。
- 助人者無所顧忌地分享和討論個人經歷。
- 服務對象和助人者在餐廳、酒吧和公園見面。
- 助人者用個人資金滿足服務對象的需要。
- 助人工作結束後，助人者與服務對象發展戀愛／性關係。
- 助人者買禮物給服務對象。
- 助人者與服務對象一起使用藥物或酒精。

上述某些例子或許看來有些牽強，但當專業界線薄弱或蕩然無存、助人者遇到個人或專業挑戰，或缺乏專業訓練和支持時，確實有可能發生上述情形。倫理不是一紙空文，必須活生生地應用在工作中。只有理解和懂得應用倫理準則，才能確保助人工作安全有效。

Chapter 9

助人模式

本章探討一系列不同的助人模式與技術，用以支持和增強基本諮商技巧的運用。角色和場域將決定哪些模式、介入措施最能發揮效用。有些模式說明如何建構和催化助人歷程，並適時添用一些技術增益助人效能。助人模式、工具和技術不計其數，本章的內容難免掛一漏萬，望藉此激發讀者的閱讀興趣，進一步探索其他可用以協助提升諮商技巧運用的知能。因此，讀者可依個人需求自由選配，截長補短地使用對你的角色和場域以及理論方法／哲學上有意義的模式與技術。

Carl Rogers 與個人中心模式

Carl Rogers 的個人中心模式（person-centred model）啟發了許多助人、諮詢、教育、健康和職場等領域。1957 年他在《諮詢心理學期刊》（*Journal of Consulting Psychology*）發表的論文中首次提及此名詞，並列出以下六個促進改變的充分必要條件：

1. 兩個人有心理上的接觸。
2. 第一個人，我們稱之為服務對象，處於不一致、脆弱或焦慮的狀態。
3. 第二個人，我們稱之為助人者，在關係中是真誠一致或統整的。
4. 助人者對服務對象無條件的正向尊重。
5. 助人者能同理瞭解服務對象的內在參考架構，並努力將這種瞭解傳達給服務對象。
6. 助人者對服務對象的同理瞭解和無條件的正向尊重，在最低程度上有傳達給服務對象。

Rogers 繼續寫道：

不需要其他條件,只要這六個條件存在並持續一段時間,即已充分足夠。建設性的人格改變於焉展開、水到渠成(Rogers, 1957, pp. 95-96)。

在諸多角色和場域使用諮商技巧時,重點通常放在同理心、無條件正向尊重和真誠一致這三個**充分及必要條件**上,稱為**核心條件**(core conditions)。多數助人模式奠基於這些核心條件,可說是所有支持和助人工作的基石。

真誠一致、同理心和無條件正向尊重,簡單來說就是貼近自己的「人性」,以真正理解和接受他人。聽起來很簡單,但做起來卻異常困難,必須投入大量的個人成長與自我覺察,才能誠實正直地實踐核心條件。在《成為一個人》(*On Becoming a Person*)(1961)一書中,Carl Rogers 寫道:

> 服務對象越能感受到助人者的真誠及同理心,且助人者對服務對象有無條件的正向尊重時,服務對象就越願意摒棄停滯、固著、冷漠、沒有人情味的生活方式,更願意轉向流動、變化、悉心體驗各種不同個人感受的生活方式。此種轉變的結果是人格和行為朝向心理健康和成熟的方向進展,與自我、他人和環境的關係也更為真實(Rogers, 1961, p. 68)。

💬 核心條件之一:同理心

同理心是所有助人關係和互動的要素,本書第 5 章已詳盡介紹同理心。同理心基本上就是指用對方的角度看世界,設身處地、將心比心地去感受和理解他人。

💬 核心條件之二：無條件正向尊重

無條件正向尊重意指無一例外地重視和尊重服務對象。人的價值沒有附加條件，一個人的價值在於他們是誰（本來面貌），而不是他們應該或可能成為什麼樣的人。我們常對兒童施予有條件的尊重，諄諄告誡他們，如果你善良、安靜、聰明、恭敬等，就是可愛討喜的；如果你頑皮、骯髒、粗魯、懶惰等，就會被討厭和嫌惡。即使是成年人，也會因行為表現而被有條件的尊重。助人者說不定是唯一向服務對象表示無條件重視和尊重的人。無條件正向尊重是一種信念，無論服務對象的問題、感受和行為如何，都有權利得到接納。接納是服務對象願意坦誠地談論自身問題的基礎，不必擔心受到評價、拒絕或懲罰。助人者的角色是拋開對表面行為的成見，看到服務對象的本來面貌。我們不必然同意他人的所作所為，但仍然可以將他們視為人類的一分子，因為人非聖賢，孰能無過。

我們不要任意評斷他人，每個人都會犯錯，我們背負的罪過，實與他人無異。

💬 核心條件之三：真誠一致

意指我們在服務對象面前是一個真實或真誠的人，沒有任何矯飾、偽裝或虛情假意。助人者很容易躲在專業角色的背後，把自己包裝成比實際情況更優秀、更強大、更完美。真誠一致的人沒有必要表現得像個高高在上的專家，他就是他本來的樣子。看到助人者的真誠一致，服務對象彷彿也得到允許，可以表現出他們真實、原原本本的模樣。Rogers 用「透明」一詞來形容真誠一致的人。**透明**（transparency）意味著看透任何的保護色，看到一個人在不完美、混亂、破碎但依然具有善良人性的面具下真正的樣子。真誠一致的人有勇氣坦誠，不會用操縱的方式試圖控制和哄騙來滿足自己的需求，或誤導他人以混淆視聽。在諮商時，誠實和開放是助人

者寶貴的特質。敢於說「不」，才能讓人相信他們說的「好」。

取悅他人和尋求認可並不是真誠一致者追求的目的。他們有勇氣和能力直率地表明他們的想要和需要、想法和感受、觀點和價值觀，他們根本不需要拐彎抹角。真誠一致並非一下子就能辦到，而是一段非常漫長、有時甚至是痛苦的旅程，一關又一關地克服種種自我挫敗行為、過去的創傷和恐懼。現在的我有時能真誠一致、有時不能，但我可以原諒今天的我不夠完美。真誠一致或許只可意會，但難以言傳。Carl Rogers 完美地詮釋道：

> 我知道，如果我甘於安逸、不變和停滯，我就會生不如死。所以我接受困惑、不確定、恐懼和情緒的起伏，因為它們是我願意為流暢、費解、激動人心的生活付出的代價（Rogers, 1980, p. 89）。

活動9.1 ｜ 核心條件練習

- 思考以下表格中的每個場景，盡可能誠實地反思自己是否可以提供這些核心條件。
- 指出你有困難的地方，並反思原因何在。想想如此一來會如何影響對方，以及對方可能的想法和感受。它又會如何影響助人工作呢？
- 完成下表中每個場景的核心條件，如第一個場景的範例。

場景	真誠一致	無條件正向尊重	同理心
傑克說到他最近的假期。他的行李被弄丟了。他對妹妹很不滿，很想賞她一巴掌，因為她是個愚蠢的白痴。	我認為我的言行一致，並覺察到自己的想法與感受等等。 我想起哥哥曾辱罵我這個妹妹還想霸凌我時，我意識到我的情緒被挑起。我們的關係仍然很不好。	我確實因為他對妹妹的評價而不喜歡他。我覺察到自己的語氣變了，還暗自幸災樂禍他的行李不見了。之後他改變了話題。 他可能想探索與妹妹的關係，但我可能阻擋了這一點。如果還有機會合作，我會提起我注意到他在表達對妹妹的憤怒之後，他改變了話題。	是的，我能夠理解他的惱怒和沮喪。
你是位靈氣治療師，你的服務對象非常反對替代療法，還說這些治療師都是騙子和搶匪。			
你的服務對象已婚，卻與他兒子的女朋友有染。			

場景	真誠一致	無條件正向尊重	同理心
有人告訴你一些非常痛苦的事,他悲痛難抑,不禁放聲大哭。			
有人告訴你,他被你深深吸引,想知道你是否對他有同樣的感覺。			
有人和你談論體重問題,他因為肥胖而討厭自己的身體和外表。但其實你比他們更超重。			

　　從上述活動可知,核心條件之間的關係密不可分。倘若其中一個條件付之闕如,恐連帶牽動影響其他另外兩個條件。

活動9.2 ｜ 核心條件反思

- 請回想從小到大,是否有人向你提供過核心條件。請描述一下這段經歷。
- 你曾有過需要被接納和理解,但卻沒有得到的時候嗎?請描述一下這段經歷。

Carkhuff 的助人模式

Carkhuff 是 Carl Rogers 的學生。他擷取 Rogers 的核心條件，並編製量表來測量和分級同理心、無條件正向尊重及真誠一致。Carkhuff 與 Rogers 的不同之處在於，他認為核心條件是可以學習和發展的技能，但 Rogers 則認為它們是只能意會不能言傳的態度（Hill & Lent, 1996）。據此，Carkhuff 開發出一套「Carkhuff 的人力資源發展模式」（Carkhuff's Human Resource Development model）（1969）。Carkhuff 堅信，在協助他人解決問題和挑戰時，助人關係本身是一個至關重要的因素。他建構出助人工作的三個不同階段及其相應的諮商技巧。而所謂的助人工作，就是用特定的技巧來催化每個階段，鼓勵服務對象內省。他探究各個諮商技巧與服務對象反應之間的關聯，研究特定技巧如何提高服務對象的內省能力。

在第 1 階段開始之前，首先登場的是**預備處理期**（pre-processing），意指助人者運用專注、觀察和傾聽技巧，與服務對象建立起支持關係，使其感受到助人者的接納與傾聽。有了足夠的安全感後，開始願意分享他們的想法、感受、問題和情況。

第 1 階段：助人者回應（helper responding）—**服務對象探索**（helpee exploring）。這個階段的助人者回應服務對象訴說的內容和情緒，鼓勵服務對象探索種種相關生活經驗。

第 2 階段：助人者個人化（helper personalising）—**服務對象理解**（helpee understanding）。這並非指助人者用他個人的經驗去對應服務對象的經驗，而是傳達出對服務對象問題和經驗的理解。它賦予意義，讓服務對象開始向內反思他們欲前進的方向。這是理解的階段，讓服務對象得以在安全和非評價的氛圍中，自由地理解他們的內心世界。

第 3 階段：助人者推動（helper initialising）—**服務對象行動**（helpee

acting）。助人者界定達到目標的步驟來強化改變。服務對象得到支持，開始往目標前進。

這三個階段之後是**回饋期**（feedback），反思先前探索過的改變歷程，並就行動的有效性提供回饋。

回饋與探索的反覆循環就是強而有力的助人工具。我們也可以善用探索、理解和行動的循環來解決生活中的各種問題和情況，向個人理想的生活目標前進和成長。

Egan 的有效能的助人者模式

有效能的助人者模式（Skilled Helper Model）（Egan, 1998）廣泛應用於各種角色和情境中。與其他模式一樣，它的目標是協助他人更有效地管理生活、做出持久的改變、掌握機會充分發揮個人潛能。該模式分為三個階段：

1. **探索（exploration）**——第一項任務是找出服務對象發生了什麼事、他們目前的心理狀態、改變的目標，以及需要做些什麼來達到改變。

    必備技巧：積極傾聽和溫暖專注、簡述語意和情緒反映、開放式問題、使用沉默、聚焦（focusing）、摘要、接納和開放的肢體語言、適當的眼神接觸、同理心和無條件正向尊重。這個階段的重點是完全沉浸在服務對象的世界，努力去理解他，專心回應；先將自己置於一旁，與服務對象同在；挑戰自己任何的個人偏見，提供同理心和無條件正向尊重。

2. **挑戰（challenging）**——挑戰服務對象不再適用或有用的既有觀點。

    必備技巧：掌握時間和節奏、立即性、謹慎的自我揭露、挑戰、同

理心、一次只處理一個問題，但也避免見樹不見林。重要的是不要指揮服務對象做事，而是掌握可能的行動和選擇的範圍、辨識固有的模式和議題，為自己做出明智的選擇。助人者可以提供不同的觀點和選擇，但不特別強調任何特定的答案。助人者的角色是促進選擇，而不是代替服務對象做出選擇。開放式問句有助於鼓勵探索不同的觀點和選擇。設定合乎服務對象現實狀況、可達成的目標。一旦設定好目標，即可進行第三階段的行動計畫。

3. **行動計畫**（action planning）——實際行動以達成確定的目標。按部就班地進行，避免躁進。可以將任務分解成具體的小步驟，化願景為行動。

必備技巧：瞭解改變歷程，與服務對象一起設定實際可行的目標；使用探問和挑戰來確定目標是可達成的；掌握服務對象達成目標的狀況，當服務對象停滯不前時，予以溫和的挑戰。在這個階段中，確認實現目標過程中的不同步驟，也是相當重要的。

這三個階段循環往復，每個循環之後都接著評估，有點像跳快步舞：

1－2－3－評估　　1－2－3－評估　　1－2－3－評估

Gerard Egan 在《有效能的助人者》（*The Skilled Helper*）（1998）一書中提出首字母縮寫詞「SOLER」，指出如何運用非語言溝通讓服務對象覺得自在、安全和被理解，能夠敞開心扉談論他們遭遇的困難和挑戰。在支持和協助他人時，可以運用下頁的檢核表，反思是什麼阻礙了助人者提供SOLER。

S：與服務對象保持舒適的座位（**S**it）距離。
O：開放（**O**pen）的姿勢，避免交叉雙臂和雙腿。
L：稍微前傾（**L**ean），傳達出你對服務對象的興趣和投入。

E：適當且具有文化敏感度的眼神接觸（**E**ye contact）。

R：放鬆（**R**elax）並與服務對象同在。

活動 9.3 ｜ 使用 SOLER 來自我反思

使用 SOLER 反思以下問題：

- 在支持／幫助對方時，什麼是讓你感到自在的距離？
- 你認為這個距離對每個人來說都是一樣的嗎？為什麼？
- 如何得知與你交談的人是否對你們之間的距離感到自在？
- 你通常以開放的姿勢坐著嗎？你常交叉雙臂或雙腿嗎？如果有的話，改以開放的姿勢坐著的感覺如何？
- 你認為開放的姿勢傳達出什麼訊息？
- 你認為前傾的姿勢傳達出什麼訊息？
- 你對眼神接觸的感覺如何？
- 「適當的眼神接觸」對你意味著什麼？
- 適當的眼神接觸是否有任何文化議題需要考量？
- 你在助人時感到放鬆嗎？
- 是什麼阻礙了你在助人時放鬆？
- 在個人和專業互動中練習 SOLER 之後，反思其效果。你認為它是溝通過程的助力抑或阻力？

動機式晤談

動機式晤談（motivational interviewing, MI）（Miller & Rollnick, 1991）是以個人中心取向來引導個體做出積極行為改變的技巧。關鍵是創造有利於

改變的條件，而非強迫對方改變。動機式晤談善用矛盾心理，以非威脅性的方式協助服務對象認識、探索和解決矛盾心態，增加改變的動機，並做出改變的決定。動機式晤談廣泛應用於戒治物質濫用的場域，對不願意或無法改變的人特別有效。

使用動機式晤談時，仍須尊重個體的自主權和選擇自由。

動機式晤談的環節之一是「喚起改變的談話」（change talk）。喚起改變的談話連結改變的意願和改變的能力，例如：列出做出改變和承諾維持改變的理由。研究證實，喚起改變的談話與成功的行為改變有關（Sobell & Sobell, 2008）。再強調一次，無論你多堅信對方會從改變中受益，試圖強迫對方改變是沒有用的。如果是自我傷害或注射海洛因，改變當然比較好，但做這個決定的人不是你。動機式晤談理解贊成與反對改變的矛盾心理——但邀請對方做出選擇。如果對方以抗拒和防衛的方式回應，重要的是不要強迫或試圖說服他們改變；動機式晤談的用語是「與抗拒共存」（to roll with the resistance）。由服務對象坐在駕駛座上，自主決定要開往改變……或不改變的方向！

莎士比亞筆下的哈姆雷特王子完美地道出了他的矛盾心理。他說：

苟且偷生，還是起而抗爭，這才是問題所在（To be or not to be, that is the question）（*Hamlet*, Act 3, Scene 1; Shakespeare, 2005）。

動機式晤談是喚起改變的談話。首字母縮寫詞 OARS 是催化改變的晤談技巧精髓：

- 開放式問句（**O**pen-ended questions）
- 肯定（**A**ffirming）
- 反映式傾聽（**R**eflective listening）
- 摘要（**S**ummarising）

開放式問句澄清服務對象的情況，並確定服務對象想要改變的理由。

肯定是看見並認可服務對象的優勢和能力，在助人者和服務對象之間建立起友善關係並強化工作同盟。肯定同時也使用同理的理解來辨識和確認服務對象的情緒。

反映式傾聽將助人者自己的意圖放在一邊，只關注服務對象，並使用重述技巧來反映內容、情緒和意義，鼓勵服務對象繼續談話。反映式傾聽釐清服務對象的話語，讓他聽到自己說出口的話，考慮是否該做出改變了。這也是另一個能培養工作同盟和強化助人者與服務對象關係的技巧。

摘要聚焦於核心問題，找出對服務對象而言重要的事情，不著痕跡地提供通往改變的道路，並喚起服務對象自己的改變動機。

動機式晤談的總體目標是：辨識並解決矛盾心理，然後向前邁進。自我效能在動機式晤談中非常重要。自我效能（self-efficacy）是指一個人對自己的信念；自信是改變過程中的關鍵要素。如果認為自己無法做到某事，最後很可能真的做不到。如果認為自己無法改變某些事情，動機當然跟著降低，提不起勁努力──如果你相信自己會失敗，那麼嘗試又有何意義呢？

Bandura（1986, p. 228）提醒我們：

> 除非相信自己可以透過行動達成期望或阻止不快的後果發生，否則個體不會有採取行動的動力。能成為動力的因素，皆根植於一個核心信念──我有能力產生預期的結果。

因此，重要的是建立服務對象的自我效能。開放式問句與安全和信任的關係、工作同盟相輔相成。有用的開放式問句類型包括：

- 當你過去做出改變時，你是如何辦到的？
- 為了改變，你需要做什麼？

- 你具備哪些能做出改變的個人優勢？
- 什麼對你來說很重要？你重視什麼？
- 什麼可以激勵你改變？
- 誰可以為你提供支持並幫助你改變？

這些問句在在表明改變是可能的，個體已經具備做出改變所需的優勢和能力。動機式晤談不是操縱或強制性的，而是要提高服務對象本身的能力，並相信他們可以做出理想的改變。

總而言之，動機式晤談的五個主要原則是：

- 運用反映式傾聽和其他諮商技巧來傳達同理心。
- 說明服務對象的目標或價值觀與當前行為之間存在不一致。
- 避免爭論和直接面質。
- 順應服務對象的抗拒，而不是直接反對。
- 使用喚起改變的談話來支持自我效能和樂觀心態。

動機式晤談不會詢問服務對象**是否**有動力，而是邀請服務對象去探索**什麼**能激起他們的動力。

活動9.4｜做出改變

我們必須瞭解自己對改變的看法。若能意識到改變有多麼困難，才有可能對陷入矛盾並努力做出改變的人展現同理心和耐心。

想像一下，你已經完成今天的工作，剛泡好茶，正準備看電視。突然有人敲你家的門，通知說你只有12小時的時間準備，必須永遠搬離此處。由於法律漏洞，你已非原本房屋的所有權者。

- 此時你的感覺如何？

Chapter 9　助人模式

- 你會怎麼做？
- 充分思考下列問題：你會帶走什麼？你會去哪兒？你會尋求幫助嗎？你會向誰求助？你需要什麼？
- 想想你經驗到的感受。你會如何處理這些感受？
- 詢問其他人，如果他們也被勒令離開家，他們會作何反應。
- 你和其他人有哪些相同點和不同點？
- 你從這項與改變有關的活動中學到了什麼？

改變有多種表現形式，所有的一切都在變化。有些改變非我所願或情非得已；有些結果很好，有些則不然。為了讓改變發生，我們必須採取行動，但有時連採取行動也舉步維艱、困難重重。以減重為例，有人說只要節食就好，但節食對某些人來說談何容易。情緒上、心理上及身體上的飢餓感時常捲土重來，讓減重功虧一簣。魚與熊掌如何兼得？動機式晤談協助探索既想吃又想減重的心理，解決這種矛盾心理是邁向改變的一大步。

學習手記

本週的重點是改變，我想說說自己和他人的改變心路歷程。假使我的服務對象是想改變自我挫敗的行為，但對方並沒有改變的話，我會責怪自己、感到內疚和無能為力。我曾經銷售減重代餐產品，許多顧客前來購買代餐奶昔、飲品和代餐棒來幫助減重。只要他們堅持減重計畫，達到目標體重指日可待。但如果有人減重成效不彰，我會為此感到非常難過，事實上是有點生氣。亂吃額外食物的是他們，但卻是我對此感到難過。這是我在個人生活和專業角色中都需要努力解決的議題——什麼是我的責任、什

麼不是。一位朋友告訴我，當我覺得需對別人的感受負責並認為我必須解決所有問題時，我可以試著對自己說：「不是我造成的，也不是我能代為解決的。」

我的體會是，諮商技巧的用意是提供安全且不評價的關係，來支持對方自己解決問題，從而促進改變。我認為部分問題在於我喜歡控制，如果有人沒有按照我希望的方式改變，我就會受不了失控的感覺。儘管我知道這是不可能的，但我仍試圖改變別人。我瞭解到我唯一可以改變的人就是我自己，而我甚至常常做不到。

我的脾氣暴躁，動不動就發火。我甚至不記得有多少次口不擇言，說了一些難聽的話，事後陷入自我厭惡的情緒中。好幾次我發誓再也不會這麼做，一再告誡自己要閉嘴，但我從來沒有做到過。這些痛苦經驗確實幫我看到改變是多麼困難，以及當其他人沒有像我認為的那樣應該迅速改變時，不要失去耐性和洩氣。

我認為使用諮商技巧時最好不要抱持任何期待，而是專注於當下，帶著感興趣和接納的心情傾聽別人在說什麼。

教師的回饋

期待別人實現我們自己做不到的事情，這不是很弔詭嗎？這是一個很容易掉入的陷阱──如果服務對象做得好，就自信滿滿；如果他們做得不好，就覺得自己能力不足。瞭解改變自己以及控制怒氣有多麼困難，有助於你瞭解改變對其他人來說也一樣困難。如果你願意，我很想再聽你分享更多你與怒氣的關係。通常，如果我們與怒氣停留在一起的時間夠長，它會告訴你背後真正的情緒，可能是悲傷或痛苦。如果你停留在怒氣中夠久，它會告訴你什麼？

你寫到你覺得該對別人的感受負責，而且把別人的議題和你的議題搞混了。你是對所有人會這樣，還是僅針對某些類型的人？如果回溯到過去並找到

> 它的源頭，它會把你帶到哪裡和帶向誰？
>
> 　　你的自我覺察能力日益精進，還能將這些覺察應用到個人和專業關係中。你的理解正在蓬勃發展，做得好！

改變的循環模式

　　改變的循環模式（cycle of change model）或稱**跨理論模式**（transtheoretical model）（Prochaska, DiClemente, & Norcross, 1992）指出改變歷程的各個階段（如圖 9.1 所示）。改變的循環模式看似言簡意賅，但它可是累積 35

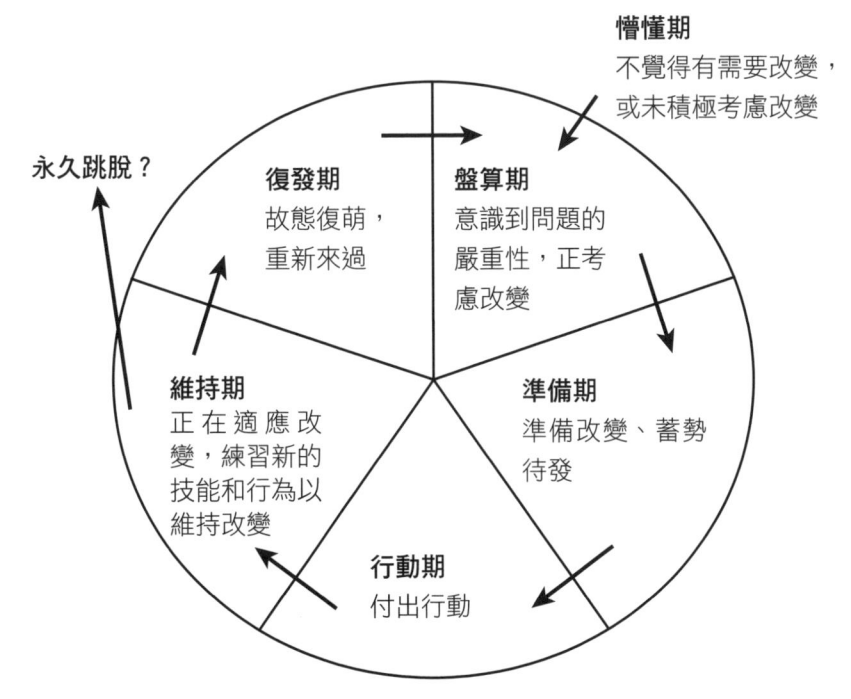

懵懂期
不覺得有需要改變，或未積極考慮改變

永久跳脫？

復發期
故態復萌，重新來過

盤算期
意識到問題的嚴重性，正考慮改變

維持期
正在適應改變，練習新的技能和行為以維持改變

準備期
準備改變、蓄勢待發

行動期
付出行動

圖 9.1 改變的循環模式

資料來源：Prochaska and DiClemente's (1983). Stages of Change model. Reproduced by kind permission of the American Psychological Association.

年以上的科學和實徵研究所發展出來的原則，適用於各種專業情境，尤其是戒癮領域。改變的循環模式包含六個階段，分別為：**懵懂期**（precontemplation）、**盤算期**（contemplation）、**準備期**（preparation）、**行動期**（action）、**維持期**（maintenance）和**復發期**（relapse），以此確立服務對象的改變位置及前進的方向。每個階段的助人者和服務對象各有其需具備的技巧和素養。強迫對方改變無異緣木求魚。就算我們自認為是為他們好，但我們仍不能強迫對方做出他們尚未準備好、不願也無法做出的改變（自我傷害的情況除外）。看到那些服務對象，甚至我們的家人朋友一直在摧毀自己，心裡難免沮喪和難受。我們常以為，只要付出足夠的愛心和關心、苦口婆心的建議和勸告，他們就會做出改變。這是過於天真的想法；改變的決定必須發自對方的內心。我們可以為對方提供有助於改變的條件，但我們無法讓改變發生（你可以把馬帶到河邊，但你不能強迫牠喝水）。

階段1：懵懂期

這個階段的個體想都沒想過要改變、不想改變或看不出改變有什麼好處，缺乏自我覺察、抗拒改變。這是一個否認的階段——「我哪有說謊？」儘管證據確鑿，但他們仍否認問題存在。想在這個階段讓他們看到所作所為的害處，只會使其越加矢口否認。

階段2：盤算期

這個階段的個體開始意識到與個人行為有關的問題，但仍在繼續和中止行為之間猶豫不決。人們通常會願意找到解決矛盾的方法，但孤軍奮戰的效果有限。若對改變失去信心，有可能因此長期停留在這個階段。通常要等到行為的負面影響超過正面影響時，方有動力做出改變的決定。

💬 階段 3：準備期

這個階段的個體計畫做出改變，意願高昂且充滿期待，此時最好一鼓作氣，千萬別讓它減弱或消散。可實現的計畫是根據如何做出改變，以及實現改變所需的條件來制定的。改變的步驟必須實際、具體且定出時間範圍。計畫拖延的時間越長，改變的意願就越有可能渙散。重要的是不可催促或躁進。

💬 階段 4：行動期

這個階段的個體做出改變，有意識地選擇新的行為。要注意的是避免卡在準備階段，沒有真正做出改變。

> Q：蓮葉上有五隻青蛙決定跳進水塘。請問最後蓮葉上剩下多少隻青蛙？
> A：五隻。青蛙只有做做樣子，沒有真的跳進水塘。

如果不採取行動，所謂的決心也不過是口惠而實不至。重要的是效法聞雞起舞的精神，及時奮起行動，確保青蛙真的跳進水裡！

💬 階段 5：維持期

這是最常被忽略的階段。下定決心改變自我挫敗的行為讓人沉浸在喜悅當中，以至於忽略了需要維持和鞏固新的行為。這個階段的個體除了留意不要退回到舊的行為模式之外，仍需設法讓新的行為維持下去。時時保持自我覺察和意志力，尋求協助和支持，方能強化新的行為和提升自制力。這是一場持久戰，要讓新的行為成為個人認同的一部分，才能避免重蹈覆轍。如果復發已成既定事實，也是值得從中汲取教訓，而非加以懲罰。改變的循環模式不是單向道，而是循環反覆多次，直到確實停止某些

行為為止。即使經過多年,也有可能一夕復發。痛苦的生活事件、潛在的創傷和社會壓力都會中斷康復過程。有些復發是暫時的,也有些人因為復發而一蹶不振。維持期雖然風險猶在,但也是邁向持續改變的起點。

階段 6:結束期

到了這個階段,改變已經融入個體的自我認同,新的行為成為生活方式的一部分。誘惑不再導致舊的行為模式復發。這個階段的個體堅毅強韌,能夠在任何情況下應對變化,充滿樂觀和自信。

瞭解服務對象在改變的循環模式中的位置,無論他們處在什麼階段,都要支持他們,而不是認定他們應該如何如何。各位讀者亦可據此省思你自身的改變的循環模式歷程。

Chapter 10

專業角色

如前所述，諮商技巧既可強化許多專業角色的功能，也有益於任何需要溝通和人際交往能力的角色，可說是包山包海。圖 10.1 標示出一些運用諮商技巧的專業角色（請注意：此張圖掛一漏萬，不免有遺珠之憾）。

專業角色加上諮商技巧，可說是如虎添翼。使用諮商技巧的護理人員仍然是護理人員、警務人員仍然是警務人員、社會工作者仍是社會工作者。同樣重要的是，使用諮商技巧並不能讓你成為諮商師。諮商師只是使用諮商技巧的專業角色之一。

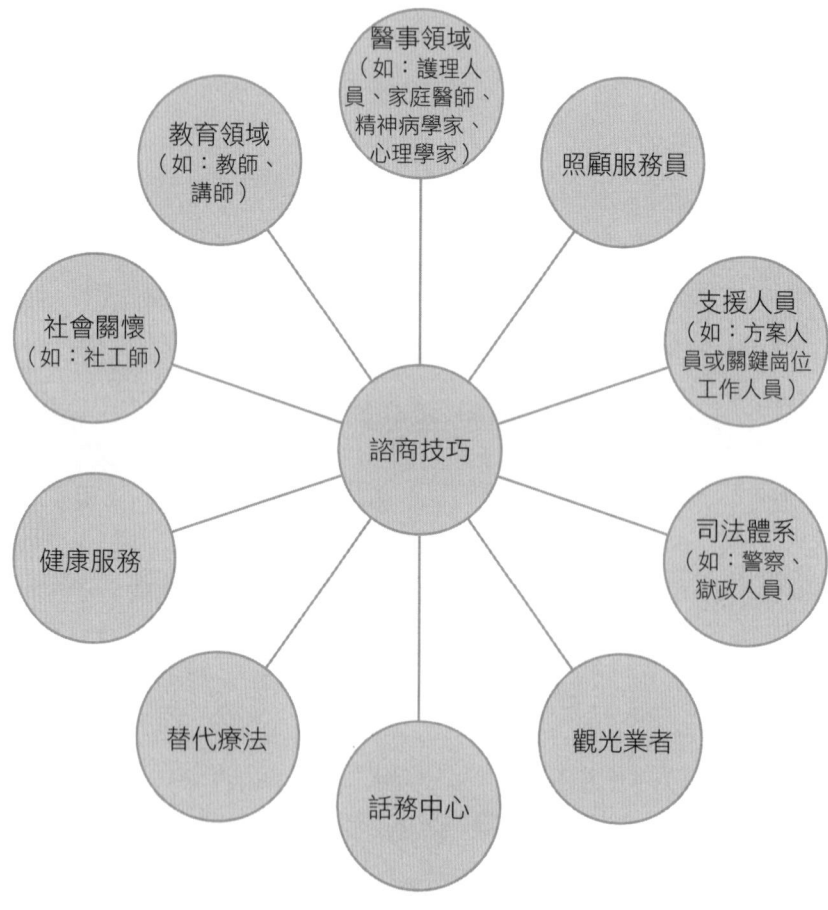

圖 10.1 可以使用諮商技巧的專業角色

Chapter 10 專業角色

　　使用諮商技巧的護理人員必須知道患者需要什麼，以及何時使用諮商技巧才算是幫上忙。在互動過程中，如果患者明顯需要進一步的情感或心理協助，護理人員應予適當的轉介。如果護理人員試圖跳出護理人員角色來解決和處理這些問題，如此一來將超出安全和專業的界線，形成不健康且不安全的動力，對護理人員和患者都會造成傷害。在使用諮商技巧來強化現職專業角色的功能時，時機至關重要。

　　如果警察正在追捕竊賊，向竊賊咆哮問他們的感受如何並非適當的行為。然而，如果竊賊被逮捕拘留，儘管他們犯法，懂得運用諮商技巧的警察仍會尊重嫌犯，查明嫌犯的作為、犯案動機和緣由，以及可以採取哪些方式應對。

　　戶政官員有責任解決民眾的住房問題。如果有民眾無家可歸，官員的首要任務是為他們找到一個遮風蔽雨之處，然而或許民眾還有其他根本問題有待解決。雖然最緊迫且亟需解決的問題是無家可歸，但可能也需要其他專業人員的長期支持，而戶政官員可以協助民眾獲取資源。

　　一位老師注意到某位學生的行為偏離常軌，一向專心上課的學生竟然好幾個星期沒有如期完成作業。當下停止上課深究學生發生什麼事情並不妥當。教師在課後邀請學生說明，並創造一個傾聽空間來瞭解原因及學生需要的幫助或支持，可能會是比較好的做法。

學習手記

　　我們一直在研究如何結合諮商技巧來加強各種不同專業關係的效能，例如：護理、教學、健康和社會關懷、安寧療護、警察等等，不勝枚舉。就我而言，我認為諮商技巧提升的不僅僅是專業角色功能，所有的關係都

165

能受益於諮商技巧所蘊含的價值觀和素養。我認為諮商技巧就像仙子在人際關係中灑下的魔法星粉，一點點星粉就能引出人們最好的一面。

記得多年前在家庭服務中心當志工的時候，我的職責是為孩子們安排活動、小團體分享、遊戲和歌唱小組。有天一位媽媽前來，淚流滿面，看來心煩意亂。那一天，我才知道她最小的女兒——一個只有 3 歲的小女孩，被診斷出患有白血病。我仍然記得當時的我驚慌失措，我不知道該怎麼辦。我想不出更好的方法，只想讓自己好過一些，我只想到我自己⋯⋯我的不安、我的無能為力、我的恐懼、我的震驚。我無法處理我對這個絕望的母親的感受，她的女兒很可能會死。總之，我避開了她，我注意到其他媽媽和志工也是如此。有機會跟她說話時，我強顏歡笑，完全沒有提到她的女兒，因為我不想讓她難過。真是可笑至極——好像我還可以害她更糟似的！我想安慰她，可是我不知道該怎麼做。那時的我不知道其實我不需要做任何事情，我只需要和她在一起（如果那是她想要的），我只需要聆聽。現在的我應該會有不同的反應。我會承認我的感受，然後將它們先放在一邊，提供一個充滿關懷的傾聽空間。

生活中還有其他時候，我需要傾聽的空間和善意，但卻無法如願。那些所謂的專業人員像是反面教材，向我展示如何破壞關係。記得曾有次在學校上烹飪課⋯⋯我正在開玩笑和胡鬧，老師把我叫到外面，斥責我老愛惹麻煩，她厭倦了我愚蠢的尋求關注行為，還說其他人也很討厭我。我依然記得那天站在走廊上的我的感受，她站在我身旁不停地發怒和挑剔。那時我的家庭生活陷入困境，非常痛苦，一切都埋在我的內心無處傾訴。從來沒有人問我過得怎麼樣或發生了什麼事，我只是被貼上了麻煩製造者、討厭鬼的標籤。我想起了一句話：「當我最壞的時候，就是我最需要愛的時候。」我的行為令人討厭，但沒有人在意，也沒有人想知道為什麼。

我也有一些至今仍刻骨銘心的正面經驗。這些經驗像是天降的禮物，

療癒了我的心。十幾歲的時候，我入店行竊被抓到，我雖深以為恥，但那就是我當時的生活境況。我被帶到警察局接受偵訊。我很害怕、很害怕，令我驚訝的是，偵訊我的警官很和善，似乎對懲罰我不感興趣。她問我是否還好，並確認我可以安全回家。我仍然被指控犯罪，不得不上法庭接受制裁，但我感受到她的尊重和善待。我記得她說，聽起來我好像家境困難，她問我是否需要一些可以提供幫助的地方。當時我還沒準備好敞開心扉，我回說家裡一切都好，我嚇得不敢說實話。然而，種子是在那一天種下的，這些種子在日後生根發芽。我有許多關於被幫助和被傷害的記憶，以及一些痛徹心扉的經歷，我認為這些經驗都有助於我更懂得去好好地理解和對待正在掙扎和痛苦中的人。

我相信現在的我可以和痛苦中的人在一起，我不需要迴避、安撫或切斷他們的感受。話雖如此，地點和時機仍很重要，我必須弄清楚何時需用、何時不需用諮商技巧。如果看到有人難過或受傷，就像個「披風戰士」一樣貿然介入，是滿莫名其妙的。大喊「大家讓路，我懂諮商技巧，我很管用」，只會貽笑大方！

教師的回饋

你援引個人經驗來說明你和他人的關係，以及諮商技巧和價值觀如何對個人和專業關係產生正面的影響。你舉了一個很好的例子，說明諮商技巧如何強化專業角色的功能，但又不至於改變專業本身的性質。當你被捕時，警官履行她的職責。你雖被指控犯罪，但仁慈和善意的警官關注你的安全且傾力支持你，讓你順當地走這段過程。這個可怕的經歷如果讓你遭受嚴厲對待、批判和羞辱，情況可能變得更糟。

我很喜歡你將諮商技巧比喻為撒在人際關係上的魔法星粉。沒錯，諮商技巧肯定能為人際關係增色不少，突顯專業角色的優勢和目的。諮商技巧可以幫

> 助我們在專業角色、待人處事及善待自己等方面成為更好的人。
>
> 　　你的「披風戰士」說法很有趣，也指出一個重點：時機至關重要。無論我們認為別人有多麼需要，前提應該是對方想要你的支持，而不是強迫他人接受支持。諮商技巧是要在人們失去希望時為他們帶來希望，而不是將希望強加於人。

　　專業人員可以複習第 1 章提到的三個 R，來提醒自己在專業角色中該做什麼以及何時做：

- 辨識（recognise）需要晤談的服務對象。
- 使用適當的技巧回應（respond），營造安全的傾聽空間。
- 敏察服務對象需要進一步的協助，引薦適當的資源或轉介（refer）。

　　如前所述，許多專業角色都可藉由諮商技巧提升工作效能。但是，助人關係或工作同盟因專業而異。有些助人關係雖是指導性的，但並非使用指導性的諮商技巧；有些助人關係涉及身體照護，但使用的諮商技巧和身體照護無關；有些助人關係須提供建議，但諮商則否。專業角色千差萬別，但諮商技巧始終如一地貫穿於每個角色，諮商技巧的目的是錦上添花，而不是要改變專業角色。

　　表 10.1 說明助人關係如何因角色而異。

表 10.1　專業角色的助人關係

	提供訊息（教導）	提供營養（生理）	直接引導	鼓勵	挑戰	安撫	合作	修復／發展
照顧服務人員								
護理人員								
醫師								
人力資源管理人員								
戒癮工作人員								
社工人員								
教師								
警察								
美髮工作人員								
牧師								
物理治療師								
良師								

第一次接受放射治療的癌症患者心情肯定七上八下，表現出各式各樣由強烈的情緒引起的行為，例如：焦慮或攻擊。每位患者都有自己的擔憂，他們的需求應該得到滿足，以使他們第一次的放射治療經驗盡可能順利和沒有壓力。放射技師此時的角色無疑是提供患者訊息，同時展現體恤和真誠的態度，這些作為都將影響患者在整個放射治療過程中的反應。良好的溝通技巧使放射技師能夠處理這些情況。除此之外，一些基本諮商技巧還能進一步提高患者的照護品質。

資料來源：Martin & Hodgson, 2006.

一學就上手的諮商技巧

Chapter 11

遠距諮商技巧

從古至今，諮商技巧默默地增強了人與人之間的互動。不過，諮商技巧也可以廣泛地應用於線上和電話支持，例如：社福關懷、無家可歸、戒癮、心理健康、發展和學習。事實上，與當面談話相比，遠距的支持和輔導對某些人來說更有效、更合適。通過電話和遠距晤談得到支持的人數急劇增加。使用現代科技不但可以提高成本效益，還能量身訂製以滿足許多服務對象的個別化需求。它提供當面晤談無法比擬的即時性和靈活性。但是，線上和電話支持並不比當面談話更好或更差——它們的性質不能相提並論！在某些地方，遠距晤談遇到的阻力更多。改變有時令人卻步，這種新的工作方式引發的擔憂和挑戰可想而知。年輕一代對不同的線上平台和通訊科技駕輕就熟，但老一輩的人雖然對使用電話稍感安心，但對高科技可能就缺乏信心。

遠距諮商對那些無法或不願當面晤談的人來說是個求之不得的福音。有時當面晤談有些難以克服的障礙，例如：身體、財務、情感和心理抗拒、路程和隔離等，阻礙許多人取得服務，而線上和電話諮商為這些服務對象提供另類選擇。線上或電話晤談的時間彈性、聯絡方便、地點由服務對象自主決定，隱密性佳，適合各種不同的群體。線上支持也協助那些容易緊張、還沒有準備好當面晤談的人跨出第一步。表 11.1 列出一些何以遠距支持更符合某些群體的需求。

表 11.1 需要遠距支持的理由

我是公眾人物，不想曝光。	我住在外島，這裡沒有合適的助人者。	我是家庭暴力的受害者，擔心外出會遇到加害者。
我不想讓任何人知道我正在諮商，線上諮商更能保有隱私。	我有四個年幼的孩子要照顧。	線上談話比較不會讓人感到害怕，也比較能暢所欲言。

我的心理健康狀況讓我無法獨自出門。	周遭沒有合適的專家。	我就是無法與人當面交談，那對我來說壓力太大了。
我有懼曠症，害怕外出。	語言／口音等口語溝通困難。	因為曾遭受性侵害，我不想與任何我不熟的人單獨相處。遠距諮商可以避免不當的肢體接觸。
生理疾病讓我無法下床。	我喜歡有更多時間來反芻談話內容，電子郵件能給我這個空間。	時間更有彈性，節省出門時間。

遠距諮商也是使支持得以持續提供的方式之一，例如：服務對象因搬遷而無法回診。雖然遠距諮商有很多優點，但也存在一些不利因素需要斟酌考慮（如下頁表 11.2）。

遠距諮商的服務方式

科技發展日新月異、推陳出新，爭辯孰優孰劣毫無意義。相反地，提供多樣化、安全、合乎倫理和有效的遠距服務更為適切。遠距諮商可略分為兩種形式：

- **同步**（synchronously）：透過電話、視訊、線上平台等方式即時互動。
- **非同步**（asynchronously）：使用電子郵件、訊息或即時通訊軟體等不需要立即回應的互動。

當面諮商和遠距諮商各有利弊，同步或非同步也好壞互見，最終還是取決於個人喜好和諮商服務提供者的能力。

表 11.2 遠距諮商的優點和限制

優點	限制
無遠弗屆。	缺乏人際互動和接觸。
便利——時間彈性。	工作同盟建立困難。
經濟實惠——減少住宿、交通等間接費用。	缺乏視覺和聲音線索，恐導致誤解。
解決難以出門和行動不便的問題。	增加孤立感和社會退縮。
彈性較大。	文字輸入缺乏溫度。
降低當面晤談的社交恐懼症和焦慮症。	設備故障或技術操作不熟悉。
可以讓各個不同地點的人同時參與。	侵犯時間界線，分不清如何起算服務時間。
降低求助的汙名。	負擔不起電腦和通訊等費用。
對某些人來說比較安全和放心。	某些棘手的風險問題。
時間延遲的落差提供反思的空間。	時間延遲的落差可能讓服務對象覺得未受到支持。
記錄事情發生的經過。	如果雙方都是在家工作，界線可能更難維持。
書寫本身就具有治療性。	通訊中斷或受到干擾。
匿名有助於敞開心扉。	匿名可能會降低抑制作用，導致服務對象在晤談中透露比預期更多的訊息或不當的訊息。
化解權力失衡的問題——服務對象可以在電子郵件或訊息中自由書寫，不必擔心助人者的打擾或意見。	難以在線上提供服務對象更多的資源。

學習手記

　　由於一些始料未及的情況，諮商技巧課程不得不在線上進行數週，我們用視訊的方式上課。老實說，我個人不是很喜歡，對於學業被打斷感到不滿。另外，我不擅長操作這類高科技，笨手笨腳地忙不過來。但學會怎麼操作，對將來或許會有幫助吧。我們各就各位進行三方訓練，我花了一些時間集中注意力和傾聽，因為我正忙著看自己的樣子，一不小心就會分神。不管是當觀察者、助人者和服務對象，我這才意識到我會被自己「迷住」。我留意我所做的每個手勢和動作，默默提醒自己不要說出苛刻的評論。

　　直到現在，我還沒有真正想過如何「虛擬」或「遠端」支持他人。我只是假設「面對面」是最好的，人們需要的是真正的接觸和關懷，這樣才算是協助。雖然我更喜歡親自到課堂上學習，但我也習慣了在「視訊平台」上課。也許一開始我不怎麼喜歡，因為它是新的、不同的、我不熟悉的事物。說實話，越習慣越喜歡。但某些優點也可能成為缺點。視訊上課的時候，我懶得穿衣服或出門。我穿著連帽衫上課，沒有化妝，光著腳，也沒有洗澡。我覺得這樣很舒服，也很喜歡有更多的時間和更少的事情要忙，但我也看到，我讓自己舒適過頭了。我不需要費力使勁，這樣真的好嗎？

　　一想到利用線上或電話就能提供幫助和支持，我開始感到害怕，擔心面對面的互動消失。線上諮商便宜多了……節省租金、交通開支，而且花在交通上的時間可以用來支持更多的人。雖然這些聽起來都是好事，但對我來說並非百利而無一害。我仍然認為當面晤談有許多好處。我是不是反應過度？我是不是抗拒改變？凡事有得必有失，但如果人與人之間的接觸

受到影響,那真是令人遺憾。

　　寫完上面的段落,看到我有多消極,我需要時間思考消化一下。我相信對某些人來說,線上和電話諮商可是救命熱線。我的阿嬤最近跌倒摔斷腳,從那之後就一直宅在家裡。醫生和護理人員透過視訊與她交談,效果非常好。她沒辦法出門看醫生,醫生也不可能每週上門看診。有趣的是,阿嬤對網路一竅不通,我只好把筆電借給她,並教她如何聯絡醫生和護理人員,然後她就自己玩起來了。不過,她在臉書(Facebook)上的評論讓人看了有點尷尬!

　　我也擔心有些人會不會因此變得更加孤立和退縮。我知道有些人覺得離開家很困難,更喜歡待在室內。這可能是由於多種原因造成的——創傷、精神疾病、畏懼、害羞、焦慮等等。我本來也想寫懶惰,但又怕這會不會是一種評價。我認為線上或電話諮商更可能讓某些人困在室內,甚至讓事情變得更糟。我也認為年齡和世代有差。我敢協助阿嬤上網,但對自己就不是那麼有自信。總括一句,年輕人對科技的掌握要好得多。他們的成長過程中少不了這些高科技。記得我小時候,不是每個人家裡都有電話,手機根本是科幻電影裡才有。世事難料呀!

　　遠距諮商見仁見智,我希望它們永遠不會取代面對面的互動關係。諮商應該是提供對方需要的服務,而不是尋求更便宜、更方便的服務。

教師的回饋

　　這是一個引發爭議的話題,看得出來你左右為難。當我們不得不利用網路上課時,我感到很震驚,不知道該怎麼處理,但我也看到你適應新做法的速度有多快。我同意你關於線上諮商和當面諮商適切性的看法。最重要的考慮因素是對方需要什麼,怎麼做才是符合對方的最佳利益。正如你所寫,有些人非常抗拒出門,但走出去進入這個世界,對他們來說是較好的行動,抑或二度傷

害，或太具有挑戰性，不得而知。這些都是艱難的決定，理應與相關人員一起做出決定。另外，你提到科技的經濟效益。是的，間接費用更低，交通和準備所花費的時間也更少。在理想情況下，這些似乎無關緊要，但預算和時間限制是真實存在的問題，且確實會影響服務提供的過程。

有一片烏雲盤旋在線上和電話諮商上，說它不如面對面的互動好，但這片烏雲並沒有具體說明為什麼沒那麼好。所以，和在同一個房間裡當面互動，到底有什麼不同呢？它比虛擬互動好在哪裡？為什麼人們會認為面對面的關係優於虛擬關係？讓面對面互動變得更好的特殊因素到底是什麼？遠距服務可能會如何影響助人關係的建立和維持呢？

遠距諮商的倫理與安全性考量

在考慮可以遠距執行哪些服務之前，除了你要會使用該科技外，你所服務的對象也要能有效地使用該科技才行。科技是偉大的，除了它罷工的時候！如果你使用的數位平台停止運作，你的服務工作必然也遭到中斷。因此，必須要有備用計畫，例如：電話，才不會讓服務對象被晾在一邊孤立無援。同樣地，如果電話收訊不佳，可能就要使用電子郵件或其他使用文字的網路媒體等備用計畫。

另一個區別是，電話諮商缺乏視覺線索，而利用文字輸入（例如：電子郵件）進行諮商則是缺乏視覺和聽覺線索。因此，應當要考慮缺乏這些線索時會如何影響工作同盟和建立安全且有價值的關係，例如：可能會有容易做出假設的傾向，因此不時檢查觀察結果和理解的準確性是重要的。

電話和線上諮商，與當面諮商有許多異曲同工之處，但也有一些重要的差異需謹慎考慮。假設遠距服務與當面服務相同是不智之舉。額外的培訓，包括：設備操作、與遠距服務工作相關的專業角色（護理人員使用的

晤談技巧與社工人員或教師使用的晤談技巧不同）、遠距諮商的倫理和界線、依虛擬環境調整溝通技巧、文字間距和對話步調、常用的符號和表情符號、風險管理和進行適當的轉介等。重要的是要記住，雖然環境是虛擬的，但你要支持的對象絕對不是虛擬存在的人物！

保密與隱私

遠距諮商的保密問題必須慎重考慮，且助人者和服務對象雙方均負有保密義務。

💬 電話諮商的保密問題

助人者和服務對象需考慮以下事項：
- 有人會偷聽到嗎？
- 電話號碼儲存在哪裡？
- 如何保護身分？
- 電話／手機放在哪裡？
- 有密碼保護嗎？

💬 線上諮商的保密問題

助人者和服務對象需考慮以下事項：
- 連線方式或平台安全嗎？
- 其他人是否有可能讀取到談話內容？
- 電子郵件是否可能誤發給其他人？
- 其他人是否有權開啟電子郵件或看到訊息內容？
- 電腦或平板可以上鎖嗎？
- 線上錄音和紀錄會留存多長時間？

評估遠距諮商的風險——包括對自己和他人的風險——並非易事。如果在沒有視覺線索的情況下晤談，辨識身分更是困難。有可能是其他人在和你交談，而不是原先預定好的服務對象。助人者須確保你與正確的對象通訊，必要時需先商定好密碼。對於沒有事先做好準備的人來說，遠距諮商會引發的問題可是一大籮筐。讀者可透過以下引導活動略窺一二。

活動11.1｜倫理困境

電話諮商

反思下面的問題情境並思考：
- 如何避免這些問題？
- 接下來要如何處理？

1. 社工師珍正在廚房洗碗，她的電話在另一個房間響起。當珍停止洗碗走進房間時，看到來作客的姪女已經接起電話，正在與她的服務對象講話。

2. 弗蘭克在戒治中心工作。他夾克口袋裡的手機在震動，當他查看電話時，才知道電話不知何故撥通了其中一位服務對象。服務對象在語音信箱留下一條很長的語音訊息，弗蘭克不知道該怎麼回應這條語音訊息。

3. 比爾的服務對象是正在考慮終止懷孕的女性，他將她們的詳細聯絡資訊按名字和號碼保存在他的個人電話中，希望這樣有保護到她們的身分。有一天，比爾的媽媽要求借用他的電話，並注意到一個不尋常的名字。她問比爾那個人是不是她的同事，她想知道比爾是怎麼認識她的。

4. 茱莉正在上諮商技巧課程，她同時也是憂鬱症和焦慮症患者交流中心的志工。她獲得某位患者的許可，當她的練習個案，並用她的手機錄製了過程。但是某一天，她的手機不見了（可能是被偷走或遺失）。

5. 輔導教師格雷一直有一段婚外情，最後被他的妻子發現了。她拿走他的電話，裡面有所有服務對象的聯絡資訊。他的妻子打電話給所有人，告訴他們格雷的真面目。

視訊平台

電話諮商並非唯一可能出差錯的形式，視訊平台也有要注意的問題。反思下面的問題情境並思考：

- 如何避免這些問題？
- 接下來要如何處理？

情境 1：準備度假中

琳達是位心理治療師，正在收拾行李準備去度假。她朝大衛喊道：

大衛，可以幫我拿我的筆電過來嗎？我明天要用 Zoom 和服務對象晤談。我想確保度假小木屋裡可以上網。這是與服務對象的第二次晤談，希望一切順利。我需要跟她視訊，檢查她是否正確地完成家庭作業練習。不要忘了幫我帶個 dongle（譯注：軟體保護器，又稱加密狗，主要是用來防止軟體被盜用），以防萬一沒有 Wi-Fi。

大衛走下樓去，把筆電袋遞給琳達。他拿起行李箱，兩人一起走出家門。

情境 2：在度假小木屋裡

筆電放在桌子上，旁邊有一把椅子。琳達要大衛離開客廳到臥室裡待著。她跟服務對象的晤談即將在 15 分鐘後開始，她得先上線準備一下。琳達打開筆電，這才發現無法連上網路，她只好改用 4G，但信號不穩定。琳達的內心升起一股煩躁，很擔心接下來的晤談能不能順利進行。

琳達用手機的熱點分享，準備在視訊平台上開始晤談。音效很差，但因為琳達將耳機和喇叭留在家裡沒帶過來，所以她完全束手無策。

視訊開始，服務對象大談特談她對健康的憂慮。幾分鐘後，螢幕突然變暗，筆電沒有任何反應。琳達沮喪地喊道：「我要把這該死的東西扔出窗戶。大衛，你趕快過來幫我。」琳達聽到服務對象在呼叫她：「琳達，你還好嗎？你聽起來怪怪的，一點都不像你。」

就在此時，連線嘎然中止，再也無法啟動。琳達無法用其他方式聯繫她的服務對象，因為她將那些個人詳細資訊安全地儲存在家裡。

社群媒體

使用社群媒體須面臨的考驗與困難更是不在話下。
反思下面的問題情境並思考：
- 如何避免這些問題？
- 接下來要如何處理？

1. 你經營一家個人工作室，你的官方網頁連接到你的個人臉書頁面。你很樂意讓服務對象和潛在服務對象看到你的個人臉書頁面，因為你發布的內容不多，也不發布任何和你個人有關的內容。
2. 你在某天晚上出去喝了很多酒，發布了一張自己衣衫凌亂、姿勢非常挑逗的照片。隔天早上，你查看電子郵件、訊息和社群媒體，發現你的一名服務對象對這張照片表達「喜歡」。
3. 你有時會在臉書上查找服務對象的資訊，想要多瞭解他們的生活和人際關係。
4. 你將家裡不用的物品帶到二手市集拍賣，並在網路上大肆宣傳。市集當天，一位服務對象出現，還向你介紹她的兩個孩子。

上述案例說明遠距諮商時周全考量的必要性。儘管並不存在涵蓋所有狀況的標準答案，但任何遠距和當面諮商都必須考慮到專業性和安全性。

混合式服務

混合式服務（blended work）結合遠距服務和當面服務。如果能安全而熟練地提供混合式服務，並專注於服務對象的需求，混合式服務可說是兩全其美。為了讓混合式服務發揮效用，必須做到「混合」這一點。虛擬和當面兩種方式必須合作無間，而不是兩個完全獨立的服務項目。這兩種方式都是為了支持服務對象的健康和福祉，發揮了一定的作用。混合式服務需依服務對象獨特的需求量身訂製，而非簡單的 50/50 對半分配。有些

人需要更多當面的支持，反之亦然。線上服務可能需要更多的創意和機動性，以補足當面的服務。線上服務與當面服務的內容不同，它們是相異的情境，需要不同層面的考量。混合式服務亦需契合服務對象現有的能力和使用科技的能力。

> **混合式服務實例**
>
> 　　瓊安的職責是協助社區中有額外需求的民眾，她的服務對象之一是馬爾，她為有學習困難和心理健康問題的馬爾提供情感和生活支持。她到馬爾家訪視，協助他管理生活空間，並敦促他注意個人衛生和自我照顧。她每週一透過視訊平台，幫助他為下一週做計畫和準備。在馬爾狀況不好的時候，她會另外打電話跟他聯繫，並評估他是否需要進一步的支持。

活動 11.2｜混合式服務

你還能想到哪些混合式服務發揮莫大效用的實例？

　　自 1986 年康乃爾大學為學生提供的第一個線上讀者問答專欄「Ask Uncle Ezra」以來，科技和遠距服務已經取得了長足的進步。如今，各式各樣的工具、系統和裝置幫助我們身處何地都能交流溝通。除了當面諮商外，遠距服務綜合豐富的技巧、品質和能力，觸及最偏遠的角落和最孤立的人。

　　遠距服務的助人者還有一個 ACE 錦囊妙計，突顯遠距服務的優勢：

- 可及性（Accessibility）
- 方便性（Convenience）
- 經濟性（Economics）

美國商業專家 Martha Crawford 在推特（Twitter，譯註：2023 年已更名為 X）上寫道：

> 我們仍是能建立真實關係的人類。亙古以來，在這個不完美的世界中，試圖以開放的心去傾聽、理解、接受和回應彼此。此乃恆久不變的事實。

活動 11.3 | 遠距諮商

你對遠距諮商有何想法、感受和建議？

Chapter 12

自我覺察與個人素養

在使用諮商技巧支持他人時,自我覺察與個人素養和諮商技巧一樣重要。能夠自我覺察,才能對每個獨特的人和情境做出適當的反應。缺乏自我覺察而給出的意見,即有落入擅自假設和評價的風險。唯有客觀的視角,才能對服務對象的情況做出不帶偏見的洞察,如此一來服務對象才能得到理解和支持。不讓助人者個人的情緒和評價左右他們對服務對象的理解是很重要的。

自我效能意指知道該做什麼,以及能把事情做好。知道該做什麼及什麼時候做,需具備將任何僵化、公式化的工作方式放在一邊,回應服務對象不斷變化的情況和需求的能力。僅以一成不變的方式回應每個服務對象是不夠的。諮商需要高度的情緒素養,方能以一致和共鳴的態度與服務對象同在。個人發展可提高自我覺察,協助助人者意識到自己的議題、感受和觀點何時會影響與服務對象的合作,同時也提供改變和個人成長的機會,找出與善用有助益的個人素質,修通和解決自我挫敗的行為和模式。瞭解個人的正面或負面感受如何影響與服務對象的合作,方能更清楚地關照他人的需求和議題。

每個人都受過傷,有些人受的傷更多、更重。創傷可能發生在童年時期,包括痛苦的關係、事件和環境。有些人是因為痛苦和創傷引發的羞愧、自我厭惡和自尊受損而受傷。受傷並不妨礙我們幫助和支持他人;傷口不會使我們不足或無能。在某些情況下,受傷反而驅使我們成為更好的人。受傷也可以加深理解和悲憫。不過,我們得知道自己的傷口在哪裡,瞭解傷口是如何造成的以及如何療癒。如果缺乏自我覺察,傷口就有可能使他人感染的風險,甚至連我們自己都沒有意識到。

我們可能因受傷而無意識地傷害他人,唯有自我覺察才能保護自己和他人不受這些隱藏的痛苦和困擾所傷。本書前面談到了妨礙傾聽的因素。如果別人談到我們也曾經歷的痛苦,在未經自我覺察的情況下,我們可能會竭盡全力自我防衛,例如:改變話題、提供建議、批評對方,或試圖安

撫和打發他們的情緒。會這麼做不是因為我們是壞人，但卻可以透過自我覺察解決和挑戰舊有的因應模式。本章將以一系列正視自我的活動、問題及反思來提高自我覺察。

Duval 與 Wicklund 在 1972 年的《客觀自我覺察理論》（*A Theory of Objective Self-awareness*）一書中提出自我覺察理論（self-awareness theory），指出當我們將注意力集中在自己身上時，即會根據內在標準和價值觀，評估與比較個人當前的行為。

助人者必須瞭解自身的優點和不足之處。留意自我復原的行為，以及自我傷害或自我挫敗的行為。本章中的活動以助人者的感覺／情緒（feelings）、關係、專業工作和個人生活為主。

自我盤點

「盤點清單」（inventory）一詞意指完整的明細表。這裡的關鍵詞是「完整」。清單內包括一切──正面的、負面的和不堪的，被遺忘、忽視和否認的，引以為傲的和無地自容的，欣喜若狂的和心碎悲傷的──都要列出來；也包括我們何時傷害過他人以及他人何時傷害過我們；還包括我們想隱藏的性格以及我們想與他人分享的部分。清單回顧了過去，可能會觸及到非常痛苦的回憶。清單也可說是一個凶險的龍潭虎穴──不適合一個人獨自前往。

在準備盤點清單的過程中，若能獲得額外的支持會更好，甚至是必要的──特別是曾經歷創傷的話。接受個人治療並不是使用諮商技巧的先決條件，但我會建議這樣做。接受個人治療是一種自我照顧的行為。我們傾向於關心我們重視的事物，因此可以透過參與個人治療來看重自己。透過學習如何重視自己，我們也學會如何重視他人。盤點清單的目的是建立自

我覺察,以強化諮商技巧的使用。它並不是治療工具,但卻可以是療癒之旅中的好幫手。

> **活動12.1｜進行自我盤點**
>
> ・你對於進行自我盤點有何想法？
> ・你覺得自我盤點對你有什麼幫助？

感覺／情緒

　　感覺／情緒是使用諮商技巧時不可或缺的一部分。當難以辨識或表達某些情緒和經驗時,可參考下面的情緒列表。重點不是對個人的感覺或情緒進行價值判斷。情緒沒有好壞之分,儘管有些情緒更讓人愉悅和舒適,但所有的情緒都是信使,是要讓我們知道正在發生什麼事,以及如何對自己、他人和世界做出反應。

　　有些情緒很難處理,需要進一步關注以釐清它們在我們生活中的角色為何。

情緒／感覺──互為表裡

生氣	興奮	愛	羨慕	難過	無聊
嫉妒	害怕	不知所措	快樂	滿意	不滿
焦慮	羞愧	自在	絕望	無力	喜悅
孤單	憤慨	尷尬	內疚	樂觀	受傷
悲傷	厭惡	痛苦	不安	無價值感	

活動12.2 ｜ 感覺／情緒

對於上述情緒，請想想當它發生在你身上及發生在別人身上時，你會有什麼感受。

對於上述情緒，請再想想：

- 你都怎麼處理情緒？你都如何反應？當你有（某）情緒出現時，其他人會觀察到你出現哪些反應？
- 其他人對（某）情緒的反應如何？他們發生了什麼事？他們對你做了什麼事？你的感覺如何？

對於上述情緒，請想想在助人過程中，當它發生在你身上及發生在你的服務對象身上時，你會如何回應？

你如何辨識自己的情緒？你身體的哪個部位，對每種情緒各產生了哪些反應？使用下圖定位你的情緒。挑選不同的顏色來象徵每種情緒經驗。

你最難讓自己感受到什麼情緒？
你覺得你不擅長回應別人的哪些情緒？
你是否試圖關閉或否認某些情緒？為什麼？

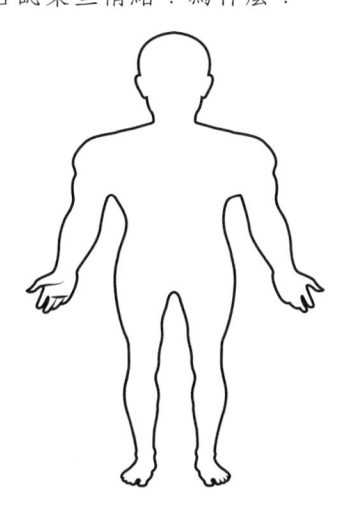

> **範例：憤怒**
>
> 我討厭自己的憤怒，以生氣為恥。我不想讓別人知道我在生氣。
>
> 我害怕別人生氣，唯恐他們傷害我。
>
> 我通常不會對真正生氣的事情表現出怒氣，而是把氣出在我親近的人身上，這讓我感到歉疚。

恐懼

　　恐懼是一種強大且隨處可見的情緒。它可以影響生活的各方面，也是許多人生活的基調。身體、心理、情感或精神傷害的威脅都可能引發恐懼。威脅不一定實際存在，想像出來的威脅所造成的恐懼，同樣真實而強大。雖然恐懼通常是不愉快的感覺，但卻有著非常重要的作用，提醒我們注意危險、威脅或傷害。有時恐懼變得過於強烈，使得我們對一個非常微小的威脅，像是出乎意料的敲門聲，做出驚恐萬分的反應。過去的經歷會影響人們在此時此地經驗和應對恐懼的方式。舉例來說，童年時期由於父母或照顧者的反覆無常，我們可能會變得過度警覺（hypervigilant），隨時準備應對危險。因為我們永遠不知道危險什麼時候會出現，只好時刻保持高度警覺和恐懼。過度警覺是指我們處於「紅色警報」狀態，銳化感官知覺，拼命尋找威脅和危險。即便沒有任何危險，但我們的感官仍以「以防萬一」的前提運作。過度警覺讓人筋疲力盡，因為得不斷掃描環境，因此無法鬆懈，就好像是一位站崗的衛兵，必須隨時準備好警戒敵人的突襲。敵人隨時可能出現，衛兵須嚴加戒備。敵人可以小到是一隻螞蟻，也可能是整團軍隊，不管怎樣，衛兵都必須為所有可能發生的情況做好準備。過度警覺的人就像一個永遠無法放鬆警戒的衛兵。

恐懼可能黏附於任何事情上：

- 害怕被傷害。
- 對生活的恐懼。
- 害怕自己或他人的死亡。
- 對未來的恐懼。
- 害怕不能擁有或擁有的不夠。
- 害怕蜘蛛、暴風雨、戶外、飛行、性、生產、不孕、狗、人、男人、女人、孩子……無窮無盡的名單。
- 害怕自己、害怕關係、害怕無法在關係中照顧好自己、害怕孤獨。

恐懼是感知到威脅時，引發的兩種主要反應組成：生理反應和情緒反應。如前所述，每個人對恐懼的情緒反應因人而異，但生理反應大同小異。當面臨威脅時，無論是真實的還是想像的威脅，我們的身體隨時都做好應對的準備。常見的恐懼反應是「戰或逃」（fight/flight）反應，我們會自動化地準備戰鬥或試圖逃跑，這是一種原始的反應，在現代世界中並不完全管用。收到一張貴得離譜的電話費帳單時，我們既無法抗拒也無法逃避，但身體仍不由自主地進入高度緊張的狀態。在戰或逃模式下，身體釋放出腎上腺素，伴隨著心跳加速和冒汗，以應付這種情況。我們的肌肉緊繃、非常警覺。這些反應在面對劍齒虎時是沒問題的，但在面對高得嚇人的電話費時卻使不上力！

恐懼可能體現為生理和情緒症狀。常見的生理症狀包括：

- 胸痛
- 發冷
- 口乾舌燥
- 噁心

- 心跳加速
- 呼吸急促
- 冒冷汗
- 發抖
- 胃部不適

除了生理症狀外，還可能會出現不知所措、心煩意亂、感覺失控或死亡迫在眉睫的感覺等心理症狀。不難看出恐懼如何給生活蒙上陰影，妨礙我們發揮最大的潛能。恐懼也是連續光譜的情緒。緊張和恐懼、懼怖和恐慌就像一對難兄難弟似的；讓一個人緊張不安的事情，可能會造成另一個人恐慌發作。我們每個人和恐懼都有著獨特的關係。

恐懼的相似詞

有許多用來描述恐懼的語詞。有些語詞的強度比其他語詞弱，顯示恐懼是一個連續光譜。以下是一些與恐懼有關的相似詞：

- 緊張
- 懼怖
- 顫慄
- 恐慌
- 驚恐
- 吃驚
- 害怕
- 驚惶
- 擔心
- 焦慮
- 不祥的預感

- 提心吊膽
- 憂慮

運用上面的相似詞，製作你個人的恐懼盤點清單。

活動12.3 | 恐懼與我

- 恐懼對你來說意味著什麼？
- 你害怕什麼？或害怕誰？為什麼？
- 你對你的恐懼做出哪些消極或破壞性的反應？
- 恐懼控制了你的生活嗎？如何控制的？
- 你最早的恐懼記憶是什麼？現在想起那段記憶的感覺如何？
- 你希望你與恐懼的關係如何發展？

生氣

　　生氣是一種原始的、本能的情緒，一種生存機制，目的是為了保護自己免受外在世界的攻擊。生氣經常給人不好的印象，被貼上「壞脾氣」的標籤，生氣的人被視為難以相處或令人不悅的對象。孩童時期，我們常因表達怒氣而受到訓斥或懲罰。然而，生氣與發洩怒氣是截然不同的行為，生氣也不等同於暴怒和攻擊。生氣的存在是為了保護我們，我們可以把它想像成一個保護者，要確保我們不受侵犯。

　　生活壓力太大或不堪負荷時，我們可能會對平常能夠容忍的人、場所和事物做出生氣的反應。生氣可說是測量我們對其他生活層面感受的晴雨表，例如：可以用來評估壓力承受度和自我照顧程度。其他可能觸發生氣的因素包括：

- 個人、環境、財務、關係受到威脅
- 悲傷和失落
- 他人粗魯、拒絕、批評的言行
- 飢餓
- 疲倦
- 挫折
- 生活和工作壓力
- 對自己或他人感到失望
- 生理或心理不適

若以理性、堅定和有節制的方式解決未滿足的需求、不滿、挫折和傷害，就是在有效地駕馭怒氣。而當生氣失控時，它會變得具有破壞性，導致我們說出或做出不合理的事情，事後後悔不已。生理和情緒徵兆有助於我們覺察自己的怒氣，也能幫助我們覺察他人（包括服務對象）可能是生氣了。表 12.1 列出一些和生氣有關的生理和情緒徵兆。

表 12.1 生氣的徵兆

生理徵兆	情緒徵兆
呼吸急促或呼吸困難	煩躁、挫敗、不知所措
心跳加速	想逃避現狀、逃離現場
發抖	口語或肢體攻擊
脈搏加快	怒火攻心
握緊拳頭或收緊下巴	自我厭惡
口氣不耐和失去幽默感	理智斷線
咆哮或咒罵	心情鬱悶
冒汗	憂懼不安
香菸、酒精、舒心食物、藥物等使用量增加	

💬 生氣的相似詞

除了不知道如何駕馭自己的怒氣外，我們經常也不知道如何回應他人的怒氣。生氣可以隱藏得很深，不形於色；或是稍一觸動就爆發。生氣和恐懼一樣，表現和經驗的方式不一，也有許多意義相近的相似詞：

- 嗔怒
- 挫敗
- 震怒
- 氣憤
- 悔恨
- 悻悻然
- 惱羞成怒
- 氣惱
- 勃然大怒
- 急躁
- 怒火中燒
- 忿忿不平

運用上面的相似詞，製作你個人的生氣盤點清單。

> **活動 12.4 │ 生氣與我**
>
> - 你目前與生氣的關係如何？這些年來有任何變化嗎？
> - 你如何表達怒氣？
> - 你目前對誰或什麼感到生氣？
> - 你上次生氣是什麼時候？發生了什麼事？

- 說出一個你或其他人積極和消極表達怒氣的方式。
- 你想改變你或別人的生氣情緒嗎？用什麼方式？
- 如果你的服務對象生你的氣，你會有什麼感覺？你會做什麼或說什麼？
- 生氣有時被稱為次級情緒，一種用來抵禦其他更痛苦情緒的保護機制，例如：用生氣來保護自己免於受傷、被遺棄或被拒絕的感受。你對這樣的說法有何看法？

內疚與羞愧

　　內疚與羞愧是兩種非常強烈，又極難體驗、處理和駕馭的情緒。這兩種情緒看似一體兩面，但卻有著明顯而深刻的區別。「**內疚**」（guilt）通常是做錯事時的感覺，「**羞愧**」（shame）則是認為自己有問題時的一種感覺。內疚與我們可能說過或做過違背自身價值理念，或對他人造成傷害或痛苦的事情有關。內疚和「錯誤」息息相關，有「錯誤」時，就要想辦法把它改正、彌補、道歉和說對不起。另一方面，羞愧影響了我們整個人。我們不喜歡自己，覺得自己就是錯誤，是「不道德的」。我們無法改變我們是誰、我們的整個自我意識，因此羞愧就成為一種有毒的、揮之不去的情緒，影響我們的自尊、個人價值感，還有我們感受到被愛和關心，以及愛惜和關心自己的能力。

　　內疚如果偏激失衡，我們就有可能因微小的失誤深感內疚，表示內疚正在轉成羞愧，認為自己不夠好。羞愧是一種被攤在陽光下檢視的感覺。與羞愧密切相關的一個詞是「**尷尬**」（embarrassed），把這個英文字拆解來看，就是「in bare ar**d」——赤裸裸地暴露出所有的缺點。羞愧與自認

失敗、害怕被評價、配不上有關。有些人非常害怕被人看清原本的樣子——以為自己很軟弱、有缺陷、怪異反常。羞愧讓我們想掩飾和隱藏自己，戴上各種面具來面對外在世界，向他人展示自認為好的一面，一個比真正的自己更可愛、更有吸引力的人。羞愧與暴露我們的缺點、擔心受他人指責有關。羞愧製造出的內在聲音是：告訴我們自己永遠都不夠好、尷尬難堪和一文不值。羞愧感在黑暗中蔓延，使我們遠離他人、孤立無援。該如何拿捏內疚和羞愧的程度，並沒有一定的標準。有的人會放大微罪，驚慌不安到極點；甚至連別人做錯事時，也會感到內疚。我們要培養的是健康的心性，一種當我們讓自己和他人失望時，會產生問心有愧的良知，而不是對所有的事情都自責內疚。我們可以擁有真正屬於我們的東西，但放棄不屬於我們的東西。諮商所提供的支持是化解羞愧的方式之一，在同理和接納的關係中娓娓道出心底的秘密，有助於減輕羞愧造成的負擔和傷害。

活動12.5 | 內疚與羞愧

- 你和內疚與羞愧的關係是什麼？
- 你曾經歷過這兩種感受嗎？
- 你目前對誰或什麼感到內疚或羞愧？
- 你的羞愧和內疚是否合情合理？或者你是否在為不屬於你的事情承擔責任？
- 如果你的服務對象說你對他們沒有幫助，你會有什麼感覺？在這種情況下，你會怎麼做？

關係

在關係中，哪些價值觀和原則對你來說很重要？本書一再強調，助人關係的價值在於運用諮商技巧來支持他人的福祉，並催化改變過程的關鍵要素。關係必須建立在關懷、信任、理解和傾聽的堅實基礎上。

學習手記

我在這門課程上的表現亂七八糟。我有時如魚得水，有時又似墜入五里霧中，搞不清楚方向，只想逃跑和躲起來。

寫這篇手記時，我的心跳得好快，因為我現在心亂如麻、千頭萬緒。我覺得自己很蠢、尷尬和內疚。我覺得害怕，動彈不得。我生其他人的氣，也氣我自己。我想試著找到自己的出路、掙脫困境，這是我一生中都在做的事情。我想改變，我想阻止這種情況發生。這些歷史在我的生活中一再重演，我已經很厭煩了。我滿懷怨恨，覺得我的內心好像中毒了。課堂中有同學說怨恨就像蘑菇一樣，如果把它們種在陰冷潮溼的地方，只憑個人一時的情緒施肥，它們就會蔓延滋生。但如果我們將它們暴露在陽光下，它們就會萎縮死亡。我把它們寫出來是第一步，第二步是帶到小組中分享，看能不能找到一些解決辦法。我很害怕，光想到就覺得噁心。我肯定會被小組成員討厭和拒絕，我得想想該怎麼做好準備。不管怎樣，我必須改變這種模式，沒意外的話，說出來才能防止別人說三道四……塞翁失馬，焉知非福。

剛剛再看了一次我寫的內容，發現到雖然看起來滿戲劇化的，但實際上並非如此。儘管在別人眼中是小事，對我來說卻是大事。總之，無論我的真實感受為何，我一向慣於附和他人。小組裡有人會說其他成員的壞

話，我不僅點頭稱是，還火上加油大放厥詞。幾週後，另一位小組成員首先發難，表示他已經厭倦了小組成員互說壞話，我也領首應和，加油添醋亂說一通。既然小組兩邊的成員都來找我抱怨另一方，我也附和兩造的說法，實際上兩邊我都有說人是非。

我想說對不起，我覺得我很糟糕，但無論我感覺多麼糟糕，我還是死性不改。我快要被逼到想退選這門課的地步了。誠實和正直是諮商師的重要素養，我卻沾不上邊。我認為自己是個誠實的人，而且我說我討厭八卦，但我其實是個雙面人。這甚至不是什麼新鮮事，我在任何地方、對每個人幾乎都這樣。我在稍早的一篇學習手記中寫道，當有人向我大談特談種族歧視意見時，我會內疚不已。我覺得自己很糟糕，因為我沒有挑戰他們，但我真正覺得自己很糟糕的地方是，我點頭同意了對方。我並不是真的同意他們的看法，但我表現得好像我同意一樣。我真的很害怕反駁別人。我可能知道始作俑者是誰。我媽媽生我的時候才 17 歲，是個單親媽媽。她沒有耐心、脾氣暴躁，會亂扔東西，大喊大叫，我從小就得提防她的脾氣。我當然希望她愛我，願意為她做任何事。從 3 歲開始，我就和阿嬤一起生活，她把我撫養長大，是個非常慈祥和藹的長輩，有點寵壞了我，把我照顧得無微不至。但媽媽很討厭阿嬤，對她不屑一顧，還大肆批評她，拿她開玩笑。我雖然不喜歡她這樣，但竟然還是跟她一鼻孔出氣，一起嘲笑阿嬤。我不知道我是怎麼想的。

我很容易在關係中迷失自我，這樣不知道能不能成為一名諮商師。寫出這些不堪的內容太難受了，趁我改變主意刪掉之前，就先寫到這裡。

教師的回饋

這個年幼的小女孩處在多麼糟糕的境地。她如此渴望取悅母親、想被母親疼愛，但也害怕成為脾氣暴躁、反覆無常母親的出氣筒。那些過往的情境一直

纏著你不放,甚至進入了這門課程。你再度被夾在兩個需要同意、安撫和取悅的人之間,即使心裡有百般的不同意。寫這篇手記需要很大的勇氣,在小組裡說出來更需要勇氣。你需要做什麼才能做到這一點?我要怎樣做才能支持你?

過去的回聲非常響亮,但你願意停止重複這種模式是一個很大的進步。有沒有考慮再接受個人治療呢?你在稍早的手記中曾寫道之前的治療很有效果。

四個字,只要簡單的四個字,但它們也是你在這種情況下最難說出的四個字:

「我不同意。」

簡單的四個字。

你要做的是學習保護你的內在小孩,你當時沒有能力說出這四個字,並且從那以後一直在受苦。你只是想取悅你媽媽,而取悅的需求已經轉移到其他人身上。被這種模式傷害最大的人是你。你已經邁出了第一步,也是最重要的一步。我會敦促你去接受個人治療,不是因為你做錯了什麼,而是因為你做對了。做得好!

另一種至關重要的關係是你與自己的關係。在思考如何建立良好的助人關係前,有必要先對與自己的關係提出同樣的問題。

活動12.6 | 與自己的關係

完成下表,反思你與自己的關係。

與自己的關係
• 關心是形成有效的工作同盟或助人關係的要素。 　你如何照顧自己?請說明。

> - 理解是形成有效的工作同盟或助人關係的要素。
>
>   你會指責或批評自己嗎？請說明。
>
> - 傾聽是形成有效的工作同盟或助人關係的要素。
>
>   你會傾聽自己內在的聲音，傾聽你的恐懼、希望、夢想和憂慮嗎？請說明。
>
> - 可靠和一致是形成有效的工作同盟或助人關係的要素。
>
>   你會支持自己還是放棄自己？請說明。
>
> - 友善關係是形成有效的工作同盟或助人關係的要素。
>
>   你對自己好嗎？你喜歡和自己在一起嗎？請說明。
>
> - 無條件正向尊重是形成有效的工作同盟或助人關係的要素。
>
>   你喜歡並重視自己嗎？請說明。
>
> - 仁慈是形成有效的工作同盟或助人關係的要素。
>
>   你有善待自己嗎？請說明。
>
> - 謙虛是形成有效的工作同盟或助人關係的要素。
>
>   你有坦誠地面對真實的自己嗎？請說明。

上述列表還可以繼續下去。我們的關係模式常常會滲透到專業關係中。無論我們走到哪裡，它都會跟著你。我們越瞭解自己在關係中的樣態，就越能做出改變。回顧過去和當前的關係有助於提高自我覺察，藉由列出過去和現在的關係，更能幫我們瞭解每種關係是否有益或有害。我們要審視的關係包括：與親戚、伴侶、朋友、同事、鄰居、同學和權威人物（例如：警察、教師、主管和舊識）的關係。

> **活動12.7｜與他人的關係**
>
> - 反思你在這些關係中的角色，以及是什麼維持或結束了這些關係？
> - 與柏拉圖式的關係（純友誼關係）相比，你在戀愛或性關係方面有何不同？
> - 獨處的感覺如何？
> - 你的人際關係是否有任何模式？
> - 面對不同的人，你會有不同的表現嗎？
> - 在你的人際關係中，你如何考慮他人的感受？你也會考慮自己的感受嗎？兩者之間你如何取捨？
> - 你在人際關係中做過你不想做的事情嗎？你是否曾表裡不一？為什麼？
> - 有沒有什麼關係讓你感到羞愧和內疚？是哪些關係？為什麼會有這種感覺？
> - 你與舊識、鄰居、同事、學校裡的人等相處得如何？有沒有出現任何模式？
> - 信任在你過去和現在的人際關係中扮演什麼角色？
> - 你想改變人際關係中的哪些個人行為？
> - 健康的關係對你來說意味著什麼？

　　如果你曾在任何一段關係中受到虐待，而你無法在安全和充滿愛的環境中談論這件事，你可以送給自己療心的禮物。許多助人工作者慣於給予他人我們自己也很想要的愛和療癒。Brigit Anna McNeill（2020）的詩《宇宙的舞者》(*The Cosmic Dancer*) 振振有辭地道出我們應該要做的事：

在我減輕悲傷與哀痛的重量之前，
我必須首先滿足我的某些部分，
我推到荒原上的部分，
我曾疏忽和恐懼地對待過的部分。
我的這些部分，
是從痛苦和創傷中長出來的，
在我的腦海中變成怪物。
我害怕和它們打招呼，
我把它們拒之門外，不讓它們出聲。
害怕我身上這些可怕的部分，讓我覺得內疚和羞愧，
為我的一言一行無地自容，
深怕殘留的汙跡閃露出可恥的光芒。
但是，我要進入荒原，召回我那些醜陋的部分，那些我一看到就厭惡想別開臉的部分。
奇妙的是，當我看到了我破碎的部分，我看到我需要愛與關懷。
每個人都需要被看到、聽到和同理，不再被忽視，
從而，在愛中得到認可。
我不再覺得要把自己的這些部分推開，
而是接住自己的這些碎片；破碎的孩子、迷路的女人、扭曲的少年；把它們放在我的心裡。
用溫柔和力量擁抱它們，直到它們與我合而為一，充盈我的心，讓我再次完整。
不再碎成片片。
不再害怕怪物，而是重新感覺自己。

資料來源：Reproduced by kind permission of Brigit Anna McNeill.

價值觀與素養

認識自己的價值觀與素養同樣至關重要。我們很容易將注意力放在沒做好的事情上，而忽略了許多現有的優點其實有助於建立助人、療癒和改變的關係，包括：

- 仁慈和關懷
- 悲憫和體諒
- 正直
- 耐心和寬容
- 情緒成熟

> **活動12.8｜價值觀與素養**
>
> - 你認為上述的價值觀與素養和助人工作有何關係？如何將它們運用到你的助人工作中？
> - 諮商時，你需要做什麼才能有效地發揮這些素養？

自我意識

Philippe Rochat 對自我意識進行了廣泛的研究，提出五個不同的自我意識層級（Rochat, 2003）。層級 0 始於生命早期，當其時，自我意識尚未發展。自我意識隨每個層級發展而提高，直到達到層級 5（明確的自我意識）。以下說明中提到的鏡子亦可意指他人，以嬰兒而言指的是母親。

- **層級 0**：混沌期（confusion）。這個層級的個體自我意識程度為零。

他們沒有意識到鏡子反射出來的映像就是自己，以為鏡子裡的映像是外在環境的一部分。當成人被鏡子裡的自己嚇到，將自己的映像誤認為是另一個人時，那一瞬間也是在層級 0。

- **層級 1**：區辨期（differentiation）。這個層級的個體知道鏡子能夠映照出外界事物，明白鏡子裡的映像和周遭所見事物有所不同。他們可以區辨自己在鏡子中的動作和周遭環境的動作。
- **層級 2**：定位期（situation）。這個層級的個體注意到鏡子裡的動作與自身的動作有關，這是他們在一個投影表面上進行自我探索的新鮮嘗試。他們在這個投影表面上看到的映像很是特別。
- **層級 3**：確認期（identification）。這個層級的特色是發展出新的自我識別能力：個體現在知道鏡子裡的不是另一個人，而是自己。因此，當個體在照鏡子時，並非看著鏡子（這個物體），而是看著自己。
- **層級 4**：恆定期（permanence）。這個層級的個體不僅能從眼前鏡子的映像來識別自己，還能從以前的照片中認出不同的自己或更年輕的自己。此時的個體已經知道何謂「恆定的自我」（permanent self）。
- **層級 5**：自覺期（self-consciousness）或「後設」自我意識期（'meta' self-awareness）。這個層級的個體不僅可從第一人稱的角度來看自己，也知道自我可從第三人稱的角度來看自己。他們開始明白別人心目中也有對他的看法，例如：在外人眼中的模樣（Rochat, 2003, pp. 719-722）。

他人的回饋可以提高自我覺察，協助我們看到沒有意識到的自己。聽聞嚴厲的批評和回饋或許令人痛苦，然而，他人給予的用心和敏感的回饋，更能幫助我們看到隱藏的部分和盲點，從而提高自我認識和洞察力。

周哈里窗

周哈里窗（Johari window）是一種能協助人們更佳瞭解自我和人我關係，並培養更多覺察力的工具，由心理學家 Joseph Luft（1916-2014）和 Harrington Ingham（1916-1995）兩人共同提出（Luft & Ingham, 1955）。它的原理簡單易懂，能讓人很快地認識自己的優勢、劣勢和盲點。由於需要提供和接受回饋，這個活動最好以分組或成對方式進行。練習活動如下：

1. 從下面列表中選出一些最能描述自己的形容詞

能幹的	寬容的	善於應變的	大膽的
勇敢的	冷靜的	有愛心的	快活的
聰明的	難懂的	自信的	可靠的
一本正經的	善解人意的	精力充沛的	外向的
親切的	慷慨的	快樂的	樂於助人的
滿懷理想的	有主見的	機靈的	理解力強的
內向的	和善的	見多識廣的	理性的
仁慈的	圓熟的	謙遜的	易怒的
觀察力敏銳的	有條理的	有耐心的	有影響力的
傲慢的	文靜的	深思熟慮的	不拘小節的
信仰虔誠的	負責任的	嚴格的	堅持己見的
侷促不安的	通情達理的	羞怯的	糊里糊塗的
感性的	自動自發的		

2. 從上表中選出最能描述另一個人的一些形容詞

選擇好形容詞後，將其填入周哈里窗的四個欄位裡（圖 12.1）。

開放我（known self）

你自己和組員都有選出的形容詞，即放入這個欄位。這些是你自己和他人都知道的特質。

盲點我（blind self）

你自己沒有選出，但組員有選出的形容詞。這些形容詞代表他人知道，但你自己卻不知道的特質。

隱藏我（hidden self）

自己有選出，但組員都沒有選出的形容詞，即放入這個欄位。這些是他人不知道，只有你自己個人知道、可能是故意隱藏起來的特質。

未知我（unknown self）

自己和組員都沒有選出的形容詞，即放入這個欄位。它們代表了沒有任何人知道的你的個人行為或動機。有可能是因為沒有表現出來，或是你和他人對這些特質一無所知。

	自己已知	自己不知
他人已知	開放我 自己和他人都知道的面向	盲點我 他人知道但自己不知道的面向
他人不知	隱藏我 自己知道但他人不知道的面向	未知我 自己和他人都不知道的面向

圖 12.1　周哈里窗

一個完整的周哈里窗可以打開我們的視野。你對自己的認識，以及認識別人怎麼看你，有助於提高你的自我覺察。當我們瞭解自己的「盲點」行為並多加認識我們想要隱藏的部分自我 —— 即我們的「假面具」（Façade）時，這兩個窗口／欄位就會越變越小，我們對他人和對自己就越加坦誠。

本章提出一些需要反思的、有挑戰性的問題。這些問題可能會喚起痛苦的回憶和事件，對自己和善與溫柔是很重要的。

自我覺察包含自我知識和自我洞察,長期以來一直被視為是治療歷程能夠順利進行的關鍵要素(Brown & Lent, 2009, p. 306)。

Chapter 13

專業支持、督導與自我照顧

諮商是相當情緒勞動的工作，容易讓人筋疲力盡。它會引發許多不同的倫理兩難困境，包括：風險、保護、能力和保密等種種問題，不勝枚舉。諮商技巧被廣泛地應用在各種場域和角色，專業服務和支持的類型各有所長。有些專業有其所屬的專業團體，例如：英國最大的專業機構是皇家護理學院（Royal College of Nursing, RCN）；其次是英國醫學學會（British Medical Association, BMA）。教育統籌委員會（General Teaching Council, GTC）則是英國的教學專業機構。專業組織的設立宗旨是為公眾利益而努力，提升專業水準。許多健康和社會關懷專業都有監督機構，以確保專業人員能夠勝任並安全專業地執行工作，提供有效的服務。舉例來說，英國的社會工作者必須在下述四個監督機構之一註冊：英格蘭社會工作學會（Social Work England, SWE）、威爾斯社會關懷委員會（Social Care Wales, SCW）、北愛爾蘭社會關懷委員會（Northern Ireland Social Care Council, NISCC）、蘇格蘭社會服務委員會（Scottish Social Services Council, SSSC）。

健康與關懷專業委員會（Health and Care Professions Council, HCPC）是一個規範健康和關懷專業，以保護服務民眾的特別組織，目的是：

・為專業人員的教育、訓練和實務制定標準。
・對符合標準的專業人員（稱為「註冊人」）進行登記。
・如果註冊的專業人員不符合標準，則採取行動。

HCPC 概述每種專業的：

・行為、績效和倫理準則。
・熟練程度準則。
・繼續專業發展（continued professional development, CPD）的準則。
・與教育和訓練相關的準則。

HCPC 涵蓋的專業包括：

- 足病醫生（chiropodist）
- 藝術治療師
- 急救護理人員
- 物理治療師
- 執業心理學家
- 職能治療師
- 營養師

專業的範疇為數眾多，令人眼花撩亂。各種專業機構、立案機構、學會和監督機構，又代表什麼意思呢？簡而言之，它們都有一個共同點——行為準則（standards）。許多專業受到監督，有些則否。例如：諮商不是個受監督行業，但某些諮商專業機構自願註冊，認可註冊人符合專業機構的標準。BACP即屬此類註冊持有者。

照護關懷協會（Skills for Care）是另一個重要組織。它是英國成人社會關懷勞動力發展的策略機構，是一家獨立註冊的慈善機構，與英格蘭數以千計的成人社會關懷機構雇主合作，為社會關懷工作者制定標準和資格。助人者可以加入各種提供支持和督導，同時要求會員遵守倫理準則的組織，全國關懷與支持照顧者協會（National Association of Care & Support Workers, NACAS）即為一例。本書無法逐一詳盡說明使用諮商技巧的各種不同組織、監督機構和專業機構，然而，他們都強調需提供專業人員支持和督導的保護傘。專業角色和場域各有所長，需要不同形式的支持和督導，例如：

- 諮詢、顧問
- 專業督導
- 部門主管
- 良師
- 教練

不同形式的專業支持和督導可以：

- 監督個人健康和專業健康。
- 反思工作和關係的有效性。

專業支持和督導不一定只關注工作效能，它們還有滿足個人和家庭需求、心理健康支持、教育目標和職涯決定的功能。個人生活肯定也會影響到專業生活，兩者並非獨立運作、各不相干。助人者應定期尋求專業支持和督導，協助你管理專業角色，反思你與他人的合作，以及你與該角色如何交互影響。可惜的是，並非所有的組織和主管都有提供足夠的專業支持和指導，如果沒有的話，就必須考慮在工作的組織之外獲得支持。或許你有財務方面的煩惱，迫使你做出某些取捨。更重要的是要照顧到自己的健康狀況，思考身為助人者，你的個人福祉要為此付出什麼代價？

所有的專業人員都有部門主管，有的甚至還有專業督導。若能好好反思這些關係如何提供支持，將能為助人工作提升效能。舉例來說，在與部門主管、督導等開會之前，可以先確認你想要與需要和他們討論的內容，讓會議聚焦，而不是讓會議變成一般的閒聊。可討論的議題包括：

- 你在這個角色中的感受。
- 你覺得自己能否勝任這個職位。
- 工作量——太多或太少？
- 你遇到的困難。
- 你正在幫助／支持的對象的狀況（確保保密界線到位等）。
- 與每個人的關係／工作進展如何。
- 你對服務對象的感受。
- 你的角色遇到什麼挑戰和困難。
- 你家裡的狀況如何。

- 是否有任何新的或持續的挑戰。
- 學習與發展的需要和要求。
- 有哪些個人和專業的支持。

由於種種因素使然，對上級主管誠實以告工作狀況並非易事，尤其是陷入困境、自覺無能或犯了錯誤時，例如：做或說了一些可能危及專業角色和僱傭關係的事情。另外，非理性的恐懼也會讓人想假裝一切順利，儘管事實並非如此。

活動13.1 ｜ 秉持誠信工作

由於林林總總因素，秉持誠信工作實屬不易。以下是某些人認為難以在部門主管面前或督導會議上提出來討論的種種情事。

- 談論這些問題，會讓你有何感受？
- 如果你是部門主管／督導，你會有什麼感受和反應？

1. 服務對象對你有性吸引力。
2. 你是一名醫事人員，發現專業同儕對服務對象做出了錯誤的判斷。
3. 你覺得自己在工作中毫無用處，好像你什麼都做不好。
4. 你的服務對象是一名重度學習障礙者，你覺得受挫，忍不住對他大喊大叫。
5. 你是家庭暴力的受害者，經常被伴侶毆打。
6. 你真的不喜歡你的服務對象。
7. 你在戒治中心工作，目前也在戒癮中。一位新入住的戒癮者是過去曾與你一起使用藥毒品的人。

8. 你為長者提供到宅沐浴服務。某天，你早退離開，服務對象卻在洗澡時摔倒了。
9. 你總是感到壓力沉重，焦頭爛額、無法應付。
10. 你看到一位同事（他同時也是你的朋友）對服務對象十分粗暴。
11. 你對這份工作和服務對象感到厭倦。
12. 你曾做過某些事情，但你卻對某人撒謊此事，直到現在都還很害怕會被發現。
13. 你是一名老師，但是飲酒過量。一位學生說在教室聞到酒味。你害怕會丟了飯碗。
14. 你的醫生已將你轉介給諮商心理師，處理你的童年創傷。
15. 你真的不擅長運用諮商技巧，只是一昧地提供建議、問太多問題，試圖讓服務對象振作起來。
16. 你有犯罪的前科紀錄，卻被派去進行金融審查。

規劃專業發展

「專業發展計畫」（professional development plan）是實現專業目標所需技能、策略和教育的路線圖。專業發展計畫的內涵不一，可包括以下內容。

💬 1. 反思你現在的處境

在過去的一年、三年或五年裡，你做了什麼來提升你的專業發展？

你在專業生涯中有做自己想做的事嗎？

如果沒有，為什麼沒有？

你最近做的哪些事情會提升或阻礙你的專業生涯？

💬 2. 設定具體的專業目標

你有什麼野心？你想去哪裡？你真心想做什麼？
設定符合你的 SMART 目標：

- S：具體明確的（Specific）。
- M：可以評量的（Measurable）。
- A：可以達標的（Achievable）。
- R：實際可行的（Realistic）。
- T：有達標時限的（Timely）。

為了確定目標，請思考以下問題：

- 成功對你意味著什麼？目前的工作有帶給你成就感嗎？
- 成功會是什麼樣子？
- 你最喜歡做哪些活動和事情？你能從目前的工作中找到樂趣嗎？如果沒有，能想辦法改變嗎？
- 目前的工作讓你覺得自己成功了嗎？
- 你希望一年後、三年後、五年後，甚至十年後的你達到什麼水準？開始著手設定長期和短期目標。胸懷大志或胸無大志都可以！

💬 3. 蒐集必要的訊息

你想朝向的專業生涯需要哪些專業技能、素養和態度？

花點時間搜尋職位描述和該職務人員應具備的基本資格和條件，評估你的能力差距。練習面試技巧將有助於你應徵到想要的職務。

將你的長期目標分解為更易於管理的步驟，確定實現你夢想的工作所需的小步驟。具體而言，你夢想的工作需要哪些技能和訓練？不同的工作

需要不同的技能，如果不知道烘烤蛋糕需要什麼材料，就不可能烘烤出蛋糕。知道材料是什麼，才能檢視我們擁有哪些材料，以及需要獲取哪些材料。盡量蒐集更多關於角色、公司和工作的訊息。你目前的組織或工作可能有哪些轉換的機會，與部門主管或督導討論，獲取可用的訓練或升遷機會。

4. 找出專業能力和個人素養

列出你已具有的訓練、經驗、能力、素養和態度⋯⋯千萬不要低估自己！不要忘記你具備的可轉移能力（transferable skills），也就是你在其他角色中具備的能力，例如：父母親可將職場所學的能力，應用於親子教養中。

5. 制定實現抱負和目標的時間表

無達標時間限制的計畫比有達標時間限制的計畫更容易失敗。時間表必須實際可行，同樣也必須整合。實現目標的路上別忘了犒賞自己，如果你實現了目標（例如：參加研討會或工作坊），記得獎勵自己一下。你可以去吃個大餐，點最喜歡的食物，或者做一次頭皮按摩來慰勞自己的偉大思考工程。發揮你的創造力，無論成就有多小，都是值得嘉許的。

改變的路上困難重重，每一小步都需要勇氣和毅力。不要把改變的時間表壓縮得太緊，改變很少會像我們希望的那樣迅速發生。不要訂定那種會讓你在沒有實現目標的情況下自責不已的時間表。將時間表拆解成小步驟，一步一步帶你朝著想要的方向前進，直到目標達成為止。定期評估你的進步情形，才不會灰心喪志，迷失方向。

提醒自己為什麼要改變。

尋求他人的鼓勵及找回你的主體性。

活動 13.2 │ 虛擬小幫手

使用這個虛擬工具來反思你在專業角色中的位置。

你好，我的名字是工作小幫手（Work Bot），我是來幫你的。

- 今天的進展如何？上一週呢？
- 你對於這週的進度有何想法？
- 上次你提到 X 是一個挑戰。現在呢？
- 你這週的計畫和優先事項是什麼？
- 你對工作的進展有信心嗎？
- 這段時間以來，是什麼讓你在崗位上充滿活力？
- 這段時間以來，你遇到什麼挑戰？
- 這段時間以來，哪些事進展順利、哪些事不太順利？
- 這週你學到了什麼（或幾件事）？
- 你對自己和團隊的進展有信心嗎？
- 你和團隊在實現既定目標方面進展如何？
- 你與一起共事的人相處得如何？
- 有什麼樣的人際互動是你想討論的嗎？

- 你對我有什麼回饋意見？
- 當你想到兩年後的自己時，你會想到什麼？
- 你想在工作中學習哪二～三項新能力？
- 你在實現更高的專業和人生目標方面進展如何？
- 公司（或外部）是否有你想向其學習的人？
- 這週你在專業目標方面取得了哪些進展？
- 到我們下次會面前，你有哪些承諾要做到的事？
- 從現在到下次見面，我可以為你提供哪些幫助？
- 還有什麼我們沒有提到，但你想在下次討論的嗎？

祝你有個美好的專業生活！～～～工作小幫手永遠支持你！

自我照顧

　　自我照顧對於個人和專業來說都是不可或缺的。助人工作難免出現許多挑戰，重要的是在照顧他人之前，要先照顧自己。自我照顧可以培養個人的韌力，以及管理和因應的能力。缺乏自我照顧恐使其他困境更加嚴峻。儘管壓力和忙碌亦可被視為個人的問題，但它確實會影響助人工作。自我照顧有賴於專業支持和督導，以及平衡工作與生活。自我照顧並非一次性任務，而是持續地關心和尊重自我，如此方能為他人提供關心和尊重。

　　需要自我照顧的面向有（圖 13.1）：

- 生理
- 情緒

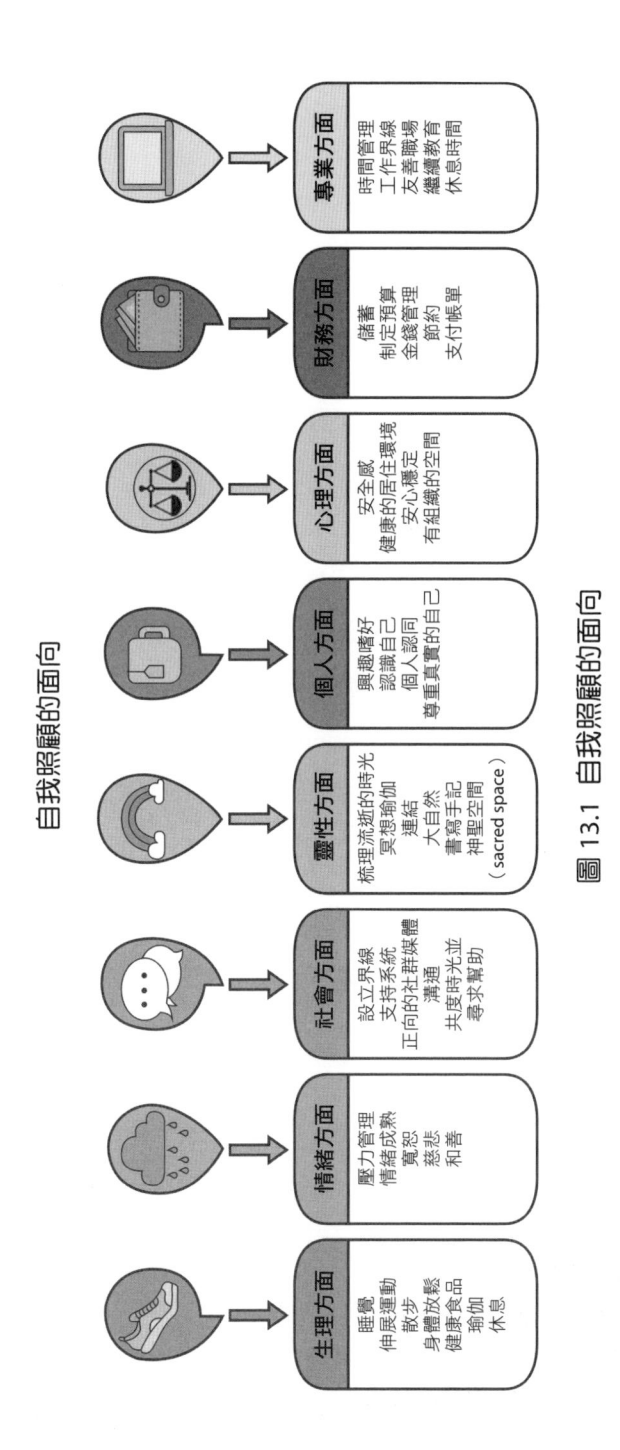

Chapter 13　專業支持、督導與自我照顧

自我照顧的面向

生理方面	情緒方面	社會方面	靈性方面	個人方面	心理方面	財務方面	專業方面
睡覺 伸展運動 散步 身體放鬆 健康食品 瑜伽 休息	壓力管理 情緒成熟 寬恕 慈悲 和善	設立界線 支持系統 正向的社群媒體 溝通 共度時光並 尋求幫助	梳理流逝的時光 冥想瑜伽 連結 大自然 書寫手記 神聖空間 （sacred space）	興趣嗜好 認識自己 個人認同 尊重真實的自己	安全感 健康的居住環境 安心禮定 有組織的空間	儲蓄 制定預算 金錢管理 節約 支付帳單	時間管理 工作界線 友善職場 繼續教育 休息時間

圖 13.1　自我照顧的面向

219

- 社會
- 靈性
- 個人
- 心理
- 財務
- 專業

表 13.1 可以幫助你制定自我照顧計畫，進一步辨識出需多加關注的面向。範例是要引領你入門，但每個範例都可再加以修正，以符合你的個人化需求。

從表 13.1 中可看出個人領域和專業發展領域的區別，並認識到自我照顧的重要性，以保護自己免受服務對象的情緒影響，培養個人的韌力。服務經歷過創傷事件的對象，可能對幫助和支持他們的人產生深遠的影響。「次級創傷壓力」（secondary traumatic stress, STS）一詞即指對他人的創傷經驗過度同理涉入而引起的症狀。描述 STS 的相關名詞包括「同情疲勞」（compassion fatigue）或「替代性創傷」（vicarious trauma）。任何以

表 13.1 自我照顧

自我照顧——需要做到什麼？	
專業方面	**生理方面**
督導、同儕支持	健康的飲食
關係方面	**心理方面**
友誼	書寫手記
情緒方面	**靈性方面**
坦誠傾訴	瑜伽、冥想
哪些面向需進一步投入？	
是什麼阻礙你在部分或全部面向進行自我照顧？	
是什麼阻止你愛自己？	
要如何將這個自我照顧計畫付諸實踐？	

同理心對待創傷事件倖存者，以及接觸其創傷相關材料的人，都可能受到影響，包括醫生和其他健康專業人員。為了與我們服務和支持的對象一起盡最大努力，我們必須覺察工作如何影響我們。受到創傷影響時——無論是自己的創傷還是他人的創傷，都要懂得辨識警告信號。

次級創傷的症狀可能有：

- 對安全的焦慮和擔憂增加。
- 出現與聆聽過的創傷故事有關的侵入性、負面想法和影像。
- 疲勞和身體不適。
- 情感麻木或疏遠他人。
- 對你的服務對象深感無力或絕望。
- 注意力下降，難以做決定。
- 社交退縮。
- 對服務對象的受害，有揮之不去的生氣和悲傷的感覺。
- 對你的服務對象投注過多感情，連工作時間之外都在掛心思考。
- 身為旁觀者的內疚、羞愧或自我懷疑。
- 失去希望、悲觀、憤世嫉俗。
- 難以維持專業界線，例如：承擔過多的義務（試圖做超出職責範圍的事）。

重要的是要繼續留意替代性創傷的症狀是否持續惡化下去，並尋求專業支持和督導。其他可行的策略包括：

- 照顧好自己的情緒。
- 維持個人的身心健康。
- 保持健康的工作與生活平衡（例如：培養有益的興趣嗜好）。
- 對於該完成的事情，抱持合理現實的態度。

- 定期休息並在需要時請假。
- 尋求同事、家人的支持（但要謹記保密原則）。
- 接受繼續教育。
- 接受個人治療。
- 與工作保持一定的距離，不要讓它跟著你回家。

附錄一

諮商技巧能力架構

諮商技巧能力架構

能力領域				
專業背景	同理心	技巧	工作同盟	個人素養
能夠在法律、倫理和專業準則範圍內使用諮商技巧	能夠使用諮商技巧來傳達同理的理解	能夠適當地使用諸多傾聽和回應技巧	能夠運用諮商技巧來建立、維持和結束諮商關係	使用諮商技巧的同時，不忘自我覺察
能夠謹守適當的角色和場域專業界線	能夠具同理心地使用諮商技巧，理解並適當回應經歷痛苦和困擾情緒的人		能夠善用諮商技巧與人合作	能夠發揮有助益的個人素養
能夠利用諮商技巧來增益（但不須改變）現職角色	能夠運用諮商技巧與多元文化的族群、場域和情境進行同理的合作		能夠將諮商技巧運用在與其他專業人員、朋友和家人的互動中	
有能力提供適當的關懷和支持				
辨識、評估、因應風險和緊急情況的能力				
能夠善用專業支持和督導				

專業背景

1. **能夠在法律、倫理和專業準則範圍內使用諮商技巧**

   承諾以合乎倫理及維護服務對象安全的方式執行工作。

遵循與角色和場域相關的政策和程序。

2. **能夠謹守適當的角色和場域專業界線**

    維持適合該場域的專業角色。

    在個人和專業能力範圍內進行溝通和工作，持續地覺察自身的能力和限制。

    能夠建立和維持約定好的時間界線。

    能夠向服務對象解釋為什麼界線很重要。

    解釋和維護保密，並說明保密限制的能力，包括：

    - 對保密的法律限制，例如：人身安全、恐怖攻擊。
    - 保密的倫理限制，例如：傷害的風險。
    - 機構或組織的相關保密政策。

    能夠在必要時安全且適當地違反保密原則，亦須明白有必要在適當的時間與相關人員共享相關訊息。

    如果需要違反保密原則，請謹慎地取得服務對象的同意，在需要時共享保密訊息，並攜手合作獲得適當的服務。

    遵守個人資料保護法，並根據角色和情境保護隱私。

3. **能夠利用諮商技巧來增益（但不須改變）現職角色**

    包括：

    - 能夠將諮商技巧融入現職角色。
    - 能夠持續聚焦在現職角色的目的。
    - 能夠使用該角色和場域的特定術語。
    - 在將諮商技巧融入現職角色時，能夠辨識並管理任何潛在的緊張情勢。

4. **有能力提供適當的關懷和支持**

   在評估方面

   包括：

   - 能夠協助服務對象確定他們需要什麼和想要什麼；瞭解關懷和支持如何協助他們實現目標。
   - 能夠評估服務對象的需求和期望，確定服務對象需要和想要什麼支持。
   - 能夠反思自己的能力限制，確保提供適當和充分的關懷與支持。
   - 定期檢視工作成效，確保提供的支持能夠滿足服務對象的需求和情況。

   ## 轉介與引薦資源

   透過以下方式適當地轉介相關服務：

   - 在做出轉介的決定時，須瞭解自己的角色、能力和限制。
   - 運用各種專業和角色的知識，學用合一，提供服務對象所需的關懷和支持。
   - 與其他相關機構和組織溝通。
   - 尋找外在資源，協助服務對象獲得並充分利用這些資源。
   - 讓服務對象參與轉介流程，敏察他們對隱私和保密的需求；除非風險程度升高到不允許這樣做。

5. **辨識、評估、因應風險和緊急情況的能力**

   能夠辨識風險、與他人合作，並運用以下方式監控和管理風險和（或）有害行為：

   - 確保提供適當的支持，並在必要時進行轉介。
   - 協助服務對象制定安全計畫，確定維護安全所需的步驟和資源。

   評估和應對自殺意念的能力。

運用以下方式適當因應緊急情況和危機情況的能力：

- 遵循風險和緊急應變程序。
- 盡可能緩和風險，並尋找減少或消除風險的方法。
- 在適當的情況下通知相關服務機構或組織。

6. **能夠善用專業支持和督導**

   獲得專業支持和督導：

   - 諮詢、顧問
   - 專業督導
   - 部門主管
   - 良師
   - 教練

   善用專業支持和督導來：

   - 管理個人健康和專業健康。
   - 反思工作和關係的有效性。

   透過反思和自我評估來檢視自己的諮商技巧：

   - 制定專業發展計畫。
   - 樂於接受建設性的回饋，以改進和精進諮商技巧。

同理心

1. **能夠使用諮商技巧來傳達同理的理解**

   傳達同理的理解和接納。

   展現出同理心、無條件正向尊重和真誠一致等核心條件。

   能夠運用同理的理解來傳達善意、悲憫和體貼。

運用同理心、自我覺察和諮商技巧，做出適當和及時的回應，以滿足服務對象的需求。

服務對方時，能夠覺察自己的反移情並做出適當的回應。

2. **能夠具同理心地使用諮商技巧，理解並適當回應經歷痛苦和困擾情緒的人**

   傾聽困難和具有挑戰性的情緒，讓服務對象知道你已經聽到並理解了。

   傾聽服務對象談論困難和具有挑戰性的情緒，而不是試圖改變話題或避免痛苦的感覺。

3. **能夠運用諮商技巧與多元文化的族群、場域和情境進行同理的合作**

   催化選擇；盡可能支持人們做出自己的決定，以促進和維護自主權、尊嚴、選擇和自立。

   辨識差異並保持敏感度，關注個體的優先事項和願望，回應他們獨特的文化、情感、心理和靈性需求，並提供理解、尊重和接納。

   理解並遵循 2010 年《平等法案》的精神來展開工作：

   ・認識自己的價值觀、信仰和原則，也明白它們可能與其他族群不同。
   ・認識並辨明自身的歧視、偏見、成見和假設。
   ・認識並指出評價、歧視、霸凌和騷擾的影響。
   ・挑戰施加於自我和他人的歧視。
   ・欣賞並對不同的文化、價值觀和信仰保持好奇的態度。
   ・以開放的心態傾聽，不帶任何評價或意見。

技巧

1. **能夠適當地使用諸多傾聽和回應技巧**

   使用諸多適合角色和場域的傾聽和回應技巧，包括：語言和非語言溝通。

   提供清楚、直接的訊息，避免使用行話和過於複雜的術語。

附錄一　諮商技巧能力架構

有效地使用各種諮商技巧，例如：

- 傾聽：語言和非語言溝通。
- 簡述語意：傳達對內容的關注和理解。
- 情感反映：認可感受和情緒。
- 重述：複述對方的說話內容，確認所聽到的內容並鼓勵對方繼續。
- 摘要：摘述對方說話的內容。
- 聚焦：協助對方釐清討論主題的優先順序。
- 輕微鼓勵：使用小動作或口語來確認聽到的內容，例如：點頭、說「嗯哼……」、臉部表情、手勢等，以此鼓勵對方繼續說話。
- 非語言溝通，例如：開放的姿勢和適當的眼神接觸。
- 重新框架：提供不同的觀點。
- 問問題：使用不同類型的問句，例如：用開放式問句探索情況，用封閉式問句蒐集事實、細節和訊息。
- 自我揭露：是相對較少使用的諮商技巧，只有當自我揭露是為了對方的利益，而非用以脅迫、誘導或教導對方時才適用。
- 立即性：善用此時此刻為對方謀取福祉的能力。
- 沉默：在安全和支持性的環境中，讓對方有時間和空間思考問題。
- 挑戰：溫和地帶領對方覺察他們可能迴避或忽視的事情。
- 以理解力和洞察力留意語言和非語言線索。
- 催化適當的溝通節奏，既提供空間也提供結構。
- 能夠為對方提供一個安全且隱密的空間，來談論他們的擔心和憂慮。
- 能夠系統合作，並主動及靈活地激勵和支持對方的福祉。

能夠辨識和理解無益的反應可能會對他人造成什麼影響，例如：

- 主動提供建議

- 打斷和搶話
- 問太多問題
- 安撫
- 控制
- 打圓場

能夠辨明並著手解決阻礙傾聽的因素，例如：

- 自己的情緒、想法、問題和議題。
- 身體的不適。
- 一直想著接下來要說什麼。
- 先入為主。

在其他溝通領域使用諮商技巧及相關的價值理念和原則，包括：

- 書面形式。
- 電話和短訊。
- 網路和社群媒體。

工作同盟

1. **能夠運用諮商技巧來建立、維持和結束諮商關係**

   建立和培養治療關係的能力。

   建立適合於角色、場域和期望結果的關係。

   根據服務對象的需求和期待建立有效的關係。

   讓服務對象確切地知道他們應該對你抱持何種期待。

   按照對方的節奏進行，給他們說話的空間。

   將晤談的重點放在對方的議題上，由服務對象決定。

   建立友善關係和信賴感，穩健的關係是助人的關鍵。

運用以下方式安全且適當地結束諮商關係：

- 提醒服務對象你們的諮商關係即將結束。
- 探索他們對結束的感受。
- 瞭解結束可能是痛苦且具有挑戰性的。
- 妥善備好後續資源。

包括：

- 能夠反思關係和工作的有效性。
- 能夠善用諮商技巧瞭解服務對象的生活和處境。
- 能夠服務不同支持需求的個體。
- 能夠具備豐富的相關知識。
- 能夠回應困難和具有挑戰性的行為與情況。

2. **能夠善用諮商技巧與人合作**

   包括：

   - 能夠積極尋求對方的合作。
   - 能夠對合作目標達成共識。
   - 能夠瞭解同理心、接納和賦能對於協同合作的重要性。

3. **能夠將諮商技巧運用在與其他專業人員、朋友和家人的互動中**

   包括：

   - 能夠以尊重和重視團隊成員的方式，與同事及其他組織合作與溝通。
   - 能夠與服務對象的照顧者、朋友和家人進行適當的溝通：
     - 在保密範圍內。
     - 經本人同意。

個人素養

1. **使用諮商技巧的同時，不忘自我覺察**

    包括：

    - 能夠覺察個人的感受如何裨益或阻礙諮商技巧的發揮。
    - 能夠不受個人過去的感受和經歷干擾，公正客觀地關注對方。
    - 能夠確定個人發展領域並獲取適當的資源，例如：諮詢、訓練、督導、同儕支持。

2. **能夠發揮有助益的個人素養**

    能夠以下列方式支持他人：

    - 和善和關懷
    - 悲憫和體貼
    - 正直
    - 耐心和寬容
    - 情緒成熟

    能體認自我照顧的重要性並付諸實踐，以保護自己免於在服務他人過程中受到情緒衝擊，並培養個人的韌力。

附錄二

BACP 諮商技巧能力架構指南

BACP 諮商技巧
能力架構指南

在各種不同角色和場域中使用
諮商技巧所需的能力

bacp | counselling changes lives

Copyright information:

A guide to the BACP counselling skills competence framework is published by the British Association for Counselling and Psychotherapy, BACP House, 15 St John's Business Park, Lutterworth, Leicestershire, LE17 4HB.

T: 01455 883300
E: bacp@bacp.co.uk
W: www.bacp.co.uk

BACP is the largest professional organisation for counselling and psychotherapy in the UK, is a company limited by guarantee 2175320 in England and Wales, and a registered charity, 298361.

Copyright © 2020 British Association for Counselling and Psychotherapy.

Permission is granted to reproduce for personal and educational use only. Commercial copying, hiring and lending are prohibited.

Design by Steers McGillan Eves.

A guide to the BACP counselling skills competence framework is available online at www.bacp.co.uk

一學就上手的諮商技巧

目錄

執行摘要

背景

理論基礎

定義

適用對象

關於能力架構

如何善用能力架構

能力架構的應用

整體益處

架構

  專業背景

  同理心

  技巧

  工作同盟

  個人素養

結論

名詞彙編

執行摘要

　　本架構說明在各種專業角色和場域中安全且有效地使用諮商技巧所需的能力，描述專業人員、教育訓練者和各學會會員的能力優勢及其應用。

　　諮商技巧並沒有明確的定義。這是一個廣泛使用的術語，但對於在現職專業角色中使用諮商技巧的責任，並沒有明確的規範。

　　使用諮商技巧來提升現職專業角色的能力是一項挑戰；但這對於提高關懷的品質，以及服務使用者和專業人員的安全和福祉來說是非常必要的。

　　本架構的宗旨是各相關專業角色應認清其限制，安全、合乎倫理地使用諮商技巧。有效地運用諮商技巧以：

- **辨識**需要晤談的服務對象。
- 使用適當的技巧**回應**，營造安全的傾聽空間。
- 敏察服務對象需要進一步的協助，引薦適當的資源或**轉介**。

　　本架構指出在現職專業角色中，安全且有效地使用諮商技巧所需的五個關鍵「能力領域」：

1. 專業背景
2. 傾聽與回應技巧
3. 同理心
4. 工作同盟
5. 個人素養

　　簡言之，本文將解釋能力架構發展的原則和過程，並詳細說明每種能力領域的內容。

　　最後，本文將討論如何落實此一能力架構，同時促進和維護穩固的專業標準。

一學就上手的諮商技巧

背景

　　能力培養的過程歷來和 Roth 與 Pilling（2008）的方法學一致，即能力架構是由研究人員對現有研究文獻進行系統性回顧（systematic review, SR）而開展出來的。

　　在將此一方法學應用於發展諮商技巧能力架構時，很明顯地，系統性回顧有其定義和邏輯方面的挑戰和局限性。因此，專家團隊同意採用更深入的研究方法，採納更多的證據來補充系統性回顧的發現。

　　本架構引進建構主義紮根理論（Constructivist Grounded Theory study, CGT）研究以增加權威性，並對相關文獻進行更具解釋性和批判性的回顧。專家團隊認為這種混合方法取向可以提高研究結果的品質和有效性。

　　最後的分析步驟是綜合其他專家和同儕審查者的意見，得出最終的能力架構。

　　諮商技巧能力架構的設計具有包容性和全納性，留意細節與靈活性之間的平衡，避免落入刻板與排他的框架，務求涵蓋那些能因諮商能力和價值理念相容而得以提升強化的廣泛專業角色。

理論基礎

　　諮商技巧散見於「諮商專業倫理準則」（Ethical Framework for the Counselling Professions, EFfCP）中，沒有明確的角色、職權範圍或責任。能從諮商技巧受益的角色數不勝數，包含許多不同的職業、場域和專業，並涵蓋廣泛的責任、知識、技術和能力。目前對於使用諮商技巧的人來說，還沒有普遍認可的績效標準，因此品質評估不是非常主觀，就是根本沒有。在缺乏共識的情況下，許多角色無所適從，未能具備適任的標準和門檻。以實徵為證據、專家凝聚共識的諮商技巧架構建構出一種共同語言，可供跨專業、角

色和場域使用。

因此，諮商技巧的基礎適用於許多專業角色，例如：社會工作者、醫師、警察或健康關懷專業人員。

打個比方：多數房屋都有地基，但通常是隱藏在地底。房屋的類型眾多，房屋本身也是人們關注的焦點。若將諮商技巧比喻為地基，不同的房屋即為安全建立在其上的專業角色，那麼堅實的地基就是安全可靠的房屋和專業人員據以依靠的基礎！

本架構旨在強調和重視於許多不同場域、以不同方式提供支持、關懷和助人的廣泛角色。諮商技巧的運用在這些角色中占有一席之地，唯有瞭解現職專業角色和諮商技巧之間的關係，其所提供的支持和關懷才能提升到一定水準的品質、安全和倫理理解的層次。多數專業人員已經具備與其角色相關的知識和能力，因此本架構提供的是能強化關係面向的諮商技巧和價值理念。

定義

為了建立本架構，專家團隊的任務是界定諮商技巧的定義。該定義歷經多次更迭，直到團隊達成共識採用以下內容：

「諮商技巧結合價值觀、倫理、知識和溝通技巧，用以促進他人的情緒健康和福祉。諮商技巧並非諮商師的專利，許多專業都可善用之以增益現職角色的功能。因此，諮商技巧的效用取決於使用的專業人員及使用的場域。」

適用對象

本架構的主要適用對象包括（但不限於）：

・資方

- 勞方
- 教育工作者
- 學會會員
- 專業人員和服務對象

諮商技巧可增益許多專業角色。

```
醫事領域，      教育領域，如：   志願服務機構，
如：醫師、      教師、教學助    如：世界展望會
護理人員       理、教牧人員

心理健康角                社會關懷人員，
色，如：    諮商技巧    如：照護服務人    公共服務，
急救人員               員、關鍵崗位工作   如：警察
                      人員

職場，如：     社會工作，如：    社會服務，
經理、人力資   社工、關鍵崗位    如：
源管理人員    工作人員       社福人員
```

關於能力架構

　　能力架構旨在廣泛地定義如何在相關專業角色和場域中，安全且有效地使用諮商技巧所需的知識、技巧、能力、行為和態度。

　　本架構由五個能力領域組成，可普遍應用於多種情況。每個能力都有明確的定義，並拆解為易於操作的元素；使用清晰淺顯的語言，確保每位讀者對於何謂有效運用諮商技巧有所共識。這種共識是在教育訓練和工作場所評

價個人表現的基準。

能力架構只有在知識、技巧、經驗、素養和行為方面準確反映專業角色時才有用。架構不是一個孤立的工具，這些能力必須與現職專業角色相關的其他準則和系統整合在一起。

如何善用能力架構

本架構可用於：
- 制定準則，闡述該職務人員應具備的基本資格和條件。
- 釐清工作角色和職責。
- 設計、開發及評估資格條件和訓練方案。
- 用於招聘、在職訓練與考核。
- 委任職務。
- 作為反思個人和職涯發展的工具。

就業

這些能力的適用範圍廣泛，還可以在不同的角色和場域中直接類化遷移，連結任何從事與健康、社會關懷、支持和建議／輔導角色相關的人員。

面試的問題可從能力領域挑選，如此一來即可確保在招聘和隨後的績效考核時，角色（諮商技巧是該角色不可或缺的能力）與求職者的能力水準適配相當。實證能力所展現的客觀性有助於在招聘和升遷方面做出更公平的決策。

許多專業人員早已具備諮商技巧架構中的某些能力，他們可以本架構為基準線，來交叉考核現有的技巧。若出現學用落差，亦不失為藉此找出未來職涯發展方向的機會。

並非每種能力都一體適用於所有角色，這些能力並不能取代專業人員對

自身專業角色的要求。

本架構回答了這個問題：「我們需要會做什麼，才能有效地發揮自己的效能？」許多關係型的職業各以不同的方式向他人提供幫助和支持。諮商技巧能力架構要提供的是如何使用諮商技巧及其價值觀讓這些角色更加精進。

訓練

能力架構為建立與諮商技巧能力相關的學習成果和評估標準資格指出方向、提供資源。教育訓練單位可以擬定特定資格和訓練的課程，以滿足不同學習者的需求。

本架構還可以幫助諮商技巧使用者思考目前的狀況和未來的目標，據此規劃學習方向。擬定特定、個別化的訓練可以縮減學習差距。

除了就業和訓練之外，本架構還與委員會運作有關。它能協助委員更佳瞭解諮商技巧在許多專業角色和場域中的性質和運用，另外還可以協助委員委任適當範圍和水準的服務。

能力架構的應用

能力架構包括廣泛的技巧和知識，但並非所有能力都適用於所有情況，本架構強調的精神和基本要素放諸四海皆準。諮商技巧使專業人員能夠**辨識**他人何時需要支持和談話空間；**回應**他人的需求；如果對方需要的協助超出專業人員的能力範圍，可以進行適當且敏察對方需求的**轉介**。

如前所述，本架構涵蓋的能力領域包括：安全且合乎倫理地使用諮商技巧、理解及接納自己和他人、穩固的工作同盟，加上專業人員的自我照顧、韌力，以及專業支持和督導。

諮商技巧作為現職專業角色的能力之一，其權重和使用依具體情況而定。較常見的為辨識情緒的痛苦和困擾、協助他人訴說擔憂煩惱，並在專業角色範圍內做出適當反應的能力。

整體益處

本架構為多種場域和角色的職場提供基本標準。於此同時，亦可使雇主招募到有能力的員工，並支持現有員工的發展。

與此能力架構相對應的諮商技巧，將為那些有志晉升到更高職位和提升實務能力，以及計畫將習得的技能和知識應用至職場的人士，奠定學習和成就的堅實基礎。

本架構亦可使助人者認識到服務對象的需求與專業人員自身的角色和能力限制，確保專業人員能有效地完成工作，或引薦及轉介其他服務，例如：諮商和心理治療。以此建構出一個連貫的關懷體系，使民眾能夠受益於依其個人需求量身訂製的關懷與支持。提高參與度、讓角色和溝通清晰明確，確保民眾獲得符合個人特定需求的適當服務和關懷。

因此，本架構的重要益處即為促進有需要的民眾與整個社會的情緒、心理健康和福祉。

架構

本架構的組織安排特意保持簡單，以清晰明瞭地顯示能力如何涵蓋多種場域、背景的許多相關專業角色，進而增益這些角色。以下詳細地說明五個能力領域。

能力一：專業背景

　　此一能力領域與現職專業角色密不可分。重要的是，現職角色的專業背景不因其他標準（包括本架構）中衝突的訊息和價值理念而受到損害。現職角色的功能因加入諮商能力而得到提升，但實質不變。本架構與各個專業角色和專業界線可謂三位一體，各司其職。

　　法律原則適用於多數的專業工作，但亦須依單位和場域調整。

　　法律要求涵蓋的範圍包括：平等和歧視、心理健康能力和知情同意、資料保護和保密。隸屬不同專業團體的成員，各有其須遵循的倫理準則或實務準則。舉例來說，執業護理師和英國護理與助產士協會（Nursing and Midwifery Council, NMC）有隸屬關係，該委員會也有制定安全性和適當性的基本要求。本架構擁護這些倫理準則和實務準則，同時確保在安全、能力和理解的前提下，提升諮商技巧的內涵。

　　不同的角色和場域，在理解和利用這個能力領域上可能會出現若干歧見或差異，但重要的是本架構應被視為角色的附加價值，而非反客為主。

　　專業界線的重要性不言而喻，並依角色和場域不同彈性調整。在許多情況下，使用諮商技巧的專業人員有時得完成與其現職角色相關的不同任務，對其建立和維持專業界線方面帶來不少挑戰。舉例來說，護理人員不但要傾聽患者對癌症診斷的恐懼，一小時後還得從患者身上抽血或為他們準備餐點。建立工作同盟的情感連結絕非易事；在提供一個溫暖且富有同理心的空間時，同時也考量到雙方共度時間的處境和目標。在某些時候，護理人員的專業實務技能反倒退居二線，以便為患者騰出一個空間，讓他們可以盡情地表達對診斷結果的感受和想法。知道該做什麼、何時要做什麼，都需要有豐富的技巧和同理心敏感度。

　　與現職專業角色相關的其他政策和程序，包括：評估與應對風險和緊急情況。本架構可以為辨識、評估、監控和應對這些情況提供支援。

透過諮商技巧所提供的關懷和支持必須恰當適切。專業人員應先瞭解對方的需求，評估自己是否具備幫助對方所需的技能和知識。其中一項能力即需知道自己的能力限制，懂得在能力範圍內工作。超出自身能力範圍的，須引薦或轉介給更有資格或經驗的人，例如：諮商師或心理治療師。

專業支持與督導在健康和社會關懷專業，以及其他不同角色和場域中存在很大差異。可惜的是，許多領域缺乏足夠的專業支持與督導，迫使許多專業人員獨自面對議題較為複雜和挑戰性的個案。缺乏專業支持與督導恐導致員工流動率增加，進而影響信任和工作同盟的建立。缺乏專業支持可能會影響到助人者提供關懷和支持的能力。本架構強調專業支持與督導的重要性，並視其為與他人合作的必要條件。充分且適當的專業支持與督導可以發揮多種作用，例如：協助監督助人者自身的健康狀況，與他人有效、安全地合作，同時反思工作的效能、是否善用工作同盟、諮商技巧和價值理念等。

能力二：同理心

同理心的本質、應用和價值，以及如何傳達與培養同理心，都是理解和接納他人的關鍵。「同理心和理解」與「尊重差異和多樣性」密切相關，兩者與回應能力一樣，都屬於此一能力領域。

回應能力有賴於從他人的角度看待和理解世界的同理心。回應能力也包含辨識和回應同理時機（empathic opportunity）的能力。本架構強調清楚瞭解何時該執行現職專業角色的職責，以及何時該提供傾聽空間的重要性，並說明做出這些決定所需的能力。

在個人和專業能力的範圍內，適當且敏感地處理情緒無疑是重要的。處理情緒時，通常得冒著對話「過於深入」的風險，使得某些專業人員不知所措，無法熟練地應對這種情況。但惟有適當的回應才能確保服務對象得到傾聽和理解，而不會覺得他的情緒被拒之門外和棄之不顧。

當偏見和刻板印象甚囂塵上，遑論理解和接納。雖然專業人員會根據其經驗和看法做出假設，但假設也有可能低估服務對象。提升個人和專業的發展，方有助於辨識和挑戰偏見與刻板印象，以及陳舊的信念與價值觀。專業人員應該全心全意地傾聽對方以及他們的話語，而不是用自己的觀點來過濾。

無論何人、在何種場域和情況下使用諮商技巧，都需要瞭解自己和他人。在服務他人的過程中，有必要認識和瞭解他人的價值觀、信仰與原則可能與我們不同；具備這些知識，方能理解偏見和歧視的影響，並挑戰個人持有的偏見和誤解。

保持謙遜、好奇心，以及對新觀點、文化和生活方式的開放態度非常重要。我們不應該假設自己「什麼都懂」，每個人對自己文化信仰的體驗才是重點，例如：僅知道服務對象的宗教信仰，或讀過一本有關該宗教的書，並不表示我們瞭解面前的服務對象是什麼樣的人。抱持這樣的合作態度，才能欣賞服務對象獨特的文化、情緒、心理和靈性需求，加以理解、尊重和接納，由此催化並支持服務對象做出自己的選擇和決定，促進服務對象的自主、尊嚴和獨立。

能力三：傾聽與回應技巧

能力領域包含許多相似的術語，例如：諮商技巧、積極傾聽技巧、助人技巧、精微諮商技巧、溝通技巧。

本架構提供一系列定義清楚的傾聽與回應技巧。在無法全面詳盡無遺的情況下，優先考量的是技巧對使用者的目的性和實用性，以及能適當和及時運用這些技巧的能力。

本架構亦強調使用易於理解和簡單的語言，避免行話和過於複雜的術語。

適當運用傾聽與回應技巧，可以幫助專業人員知道該做什麼、何時做、如何做。

儘管有許多以諮商技巧為主的模式與取向，但為了讓更多相關的專業角色能夠因善用諮商技巧而受益，因此本架構不專指某特定的理論或模式。不過，本架構確實將 Carl Rogers 個人中心理論的核心條件納入。Carl Rogers 將核心條件界定為：同理心、無條件正向尊重、真誠一致（Rogers, 1957）。這些條件都有助於推動人際交流，提升專業人員的知能和素質，形成合作和尊重的工作同盟。

本架構通用於其他角色、場域和行業，不受任何取向或模式的限制。難能可貴的是，許多角色可以從學習特定的諮商或助人技巧取向中受益，例如：Egan 的「有效能的助人者模式」（Skilled Helper Model）（Egan, 1998）、Carkhuff 的「人際關係訓練」（Human Relations Training）（Carkhuff, 1969）、Hill 的「三階段模式」（Three Stage Model）（Hill, 2009）。

認識與善用有助於催化歷程的傾聽與回應技巧固然重要，但辨識無益和可能有害的溝通方式也很重要。一般說來，唯有時時自我覺察，才能洞察和挑戰無益的溝通方式，例如：看到服務對象的痛苦、恐懼或苦惱時，助人者可能會急切地想給他們建議，告訴他們該怎麼做。即便研究告訴我們這些回應是沒有幫助的，但依然克制不了給建議的衝動。透過個人和專業的支持與發展，學習辨識和理解自己的溝通模式。會提供建議可能是因為不知道還能做什麼，不知如何處理自己的無能感；也可能是服務對象說的話喚起過去的傷痛，不自覺地想阻止對方繼續說下去，以逃避這個會讓人痛苦的話題和感受。

無益的關係模式阻礙許多專業人員無法提供安全且接納的傾聽空間。專業人員的個人和專業發展有望解決無益的關係模式，助其提供一個不受個人議題和需求干擾的安全傾聽空間。唯有辨識並移除傾聽的絆腳石，才能給予服務對象充分的關注。

適當的傾聽與回應技巧創造出互動的空間和結構，不疾不徐地帶動恰如其分的溝通節奏。這些技巧不限於面對面的互動，還可應用於其他溝通領域。書面形式、電話、短訊、網際網路和社群媒體，都能受益於本架構傳達的技巧和價值理念。

能力四：工作同盟

與工作同盟相似的術語包括：助人關係、治療關係、雙人同心、支持關係等，工作同盟意指：一方協助另一方，兩方「站在同一陣線」。這些術語都與某些專業角色有關，例如：護理人員、教育人員、健康工作人員、管理人員、醫事人員等。重要的是，「工作同盟」和現職角色的工作要求及諮商技巧架構的價值理念相符一致。

工作同盟可謂包羅萬象，它可以是與家庭醫師多年的關係，也可以是與其他人士持續幾分鐘的互動。工作同盟的目標和宗旨各不相同，不同的專業和文化，對關懷與支持的定義和解釋各異其趣。警察和健康工作人員都可以運用諮商技巧與對方形成工作同盟，但由於角色不同，形成的工作同盟也有所不同。健康工作人員建立的工作同盟，取決於服務對象的動機、自主性和能力。

工作同盟在互動的建立、維持和結束階段期間，需仰賴特定的知識和技巧。

這些因素都會影響工作同盟建立的形式，但本架構重視的是尊重、安全和合乎倫理的工作同盟，關注服務對象的需求和能力。

工作同盟的主要關注目標是服務對象，但其他專業人員、護理人員、親友等，也是可建立工作同盟的對象。本架構所傳達的知能、價值理念和態度亦適用於這些人際互動。

無論是經由轉介，或者與朋友、家人和醫事人員之間的關係，或服務對

象與專業人員之間的關係，只要是遵守保密約定，這些工作同盟都可以彰顯出合作的價值。合作的關係意指雙方共同創造出「某種價值」，也就是相互合作，商定共同努力的目標，並探索實現這些目標的方法。

能力五：個人素養

使用諮商技巧助人時，個人素養與實務能力同樣重要。自我覺察和個人發展是通往專業的寶貴鑰匙。

想要對每一位獨特的服務對象和情境做出適當反應，自我覺察必不可少。因此，為了深入洞察自我、他人和情境，自我覺察是必須的，也是必要的，如此方能為服務對象提供理解和支持。

簡單地說，自我效能意指知道該做什麼，並且好好地做到。這也是本架構的整體精神，知道該做什麼以及何時做也是回應能力的展現，也就是回應對方不斷變化的狀況和需求，而不是簡單地使用一套相同的技巧去回應每個服務對象。

個人發展可以增進自我覺察，從而使專業人員意識到自己的議題、感受和觀點何時會妨礙服務的品質。個人發展也提供了改變和個人成長的機會。自我覺察有助於我們認識和發揮有用的個人素質，找出自我挫敗的行為和關係模式。瞭解自己的正面或負面情緒感受如何影響服務品質，更清楚地關注他人的需求和議題。

自我照顧是本架構強調的重點。在服務他人的過程中，難免會遇到許多挑戰，重要的是在照顧他人之前，要先照顧好自己。自我照顧可以培養個人的適應能力及因應壓力的能力，缺乏自我照顧恐讓其他身心困境更形惡化。儘管沉重的壓力是個人身心的問題，但確實會影響到服務的品質。自我照顧包括：專業的支持和督導，以及在工作與生活之間尋求平衡。自我照顧並非一蹴而幾的任務，而是要將持續的關心和尊重自我付諸實踐，才能進一步為他人提供關心和尊重。

結論

　　本架構為正在使用諮商技巧，或欲藉由使用諮商技巧來增益現職角色的專業人員設立基本標準。

　　本架構肯定不同專業人員正在為廣大民眾的心理和情緒健康做出的寶貴貢獻，希冀透過明確區分的能力水準，確保服務對象獲得適當且有用的服務。

　　本架構的發展和研究階段受限於不同場域和角色之間用語差異（助人技巧、諮商技巧、支持技巧、輔導技巧、溝通技巧、積極傾聽技巧等），面臨的挑戰是：如何提供對這些角色和場域都有意義、共同語言的參考框架？因此，最終決定使用簡單易懂、包容性的語言。

　　整體而言，本架構的首要任務是確保服務對象獲得最適合其需求的支持、關懷和治療；這帶出了下面的問題：服務對象需要什麼來解決他們的問題，以及誰是幫助他們做到這一點的最佳人選？

　　本架構確保專業人員擁有回答**辨識、回應、轉介**等各方面問題的知能，同時提供契合個人需求的支持及專業可靠的服務。

　　職場主管、專業機構和頒發證書機構之間，為促進和維護專業人員能力所建立起來的合作關係，可以提高本架構的品質、完整性和權威性。

參考文獻

Carkhuff, R. R. (1969). *Helping and human relations: A primer for lay and professional helpers: I. Selection and training.* New York: Holt, Rinehart & Winston.

Egan, G. (1998). *The Skilled Helper – a problem management approach to helping* (6th ed.). California: Brooks Cole.

Hill, C. E. (2009). *Helping skills: Facilitating, exploration, insight, and action* (3rd ed.).

American Psychological Association.

Rogers, C. (1957). The necessary and sufficient conditions of therapeutic personality change. *Journal of Consulting Psychology, 21*(2), pp. 95–103.

Roth, A. D. & Pilling, S. (2008). Using an evidence-based methodology to identify the competences required to deliver effective cognitive and behavioural therapy for depression and anxiety disorders. *Behavioural and Cognitive Psychotherapy, 36*(2), 129–147. https://doi.org/10.1017/S1352465808004141

名詞彙編

Analysis 分析 詳細檢視某事物的基本原理或結構。

Attending 專注 以理解和洞察回應語言和非語言線索。

Autonomy 自主性 自我決定的權利或條件。做出明智、自願的決定的能力。

Benchmark 基準 可以對事物進行比較的標準或參照點。

Blocks to listening 妨礙傾聽 干擾真正傾聽他人的因素。妨礙傾聽的外在因素包括：嘈雜的環境、口音或語言不通、讓人分心的事物。妨礙傾聽的內在因素包括：個人想法、感受、意見、身體健康和舒適程度等。

Boundaries 界線 與服務對象的連結提供安全的限制。界線提供一個工作結構，設定關係和工作同盟的範圍。

CGT (Constructivist Grounded Theory) 建構主義紮根理論 社會科學的系統方法論，意指運用有條理的資料蒐集和分析來建構理論，將理論建構在實徵資料上。

Challenge 挑戰 亦稱為面質，係指溫和地指出服務對象的不一致之處，以提高他們的覺察，例如：注意到服務對象在談論非常悲傷的事情時卻微笑或大笑。

Clinical skills 臨床能力 在臨床服務的過程中，可獨立執行且可觀察的行為。

Collaboratively 合作 一起共同工作。

Competence and competence framework 能力與能力架構 與工作成敗相關的一套知識、技巧、能力、行為和態度。廣義地說，能力架構係指擔任某角色或在某場域發揮作用所需的知識和技能。

Confidentiality 保密 保守秘密或隱私，不向他人透露。

Confidentiality limits 保密限制 協助他人時，並非所有事情都可以保密。必須違反保密原則的法律限制包括：恐怖攻擊、洗錢、販毒。若發現有嚴重傷

害風險時，也可以打破保密。

Counselling 諮商 由訓練有素的助人者提供的談話治療。藉由與服務對象建立短期或長期的工作同盟，幫助他們有效地改變和增進其福祉。

Counselling skills 諮商技巧 有時也可稱為助人技巧、積極傾聽技巧。諮商技巧結合價值觀、倫理、知識和溝通技巧，用以促進他人的情緒健康和福祉。諮商技巧並非諮商師的專利，許多專業都可善用之以增益現職角色的功能。因此，諮商技巧的效用取決於使用的專業人員及使用的場域。

Diversity 多樣性 變異性。各種不同的人事物。認知到每個人都是獨一無二的，具有獨特的特徵。

Empathy and empathic understanding 同理與同理的傾聽 理解他人感受的能力。從他人的角度去理解其感受、想法和經驗。

Equalities Act 《平等法案》 保護人民免受歧視的法律。這也表示基於某些個人特徵的歧視或不公平待遇是違法的。

ERG (expert reference group) 專家諮詢小組 特定領域的專家組成一個有完成時間限制的任務小組。他們通常會將工作精細分工，並針對任務提供建議。

Ethics 倫理 一個人或一個群體的指導原則。一種道德哲學。BACP 的「諮商專業倫理準則」就是一種道德哲學。

Focusing 聚焦 協助對方將對話引導到最重要的事情上，使其能碰觸到敘說故事背後的情緒。有點像是將相片拉近放大，仔細查看特定的地點、事物或關係。

Frame of reference 參考架構 對自己和世界據以做出判斷的一套想法和信念。

Helping skills 助人技巧 參見「諮商技巧」。

Information analyst 資訊分析專家 能夠發想報告、進行研究和分析資料的專家。

Interpersonal skills 人際溝通技巧 與他人進行良好溝通或互動的能力。

Kindness 仁慈 有助於與他人合作的個人素養，亦即體貼、慷慨、友善、關愛自己和他人。

Limits of ability 能力限制 控管專業人員的能力範圍。由特定領域的訓練、經驗和能力水準決定，藉此判定是否能夠安全地提供服務。

Listening and responding skills 傾聽與回應技巧 這是非常重要的諮商技巧。傾聽是一個選擇性關注、創造意義、記憶和回應對方語言和非語言訊息的過程。回應也是一種溝通技巧，透過仔細地聚焦和傾聽，展現出對他人敘說內容的興趣和理解。

Motivation 動機 願意和渴望做某件事情。採取行動。

Peer counselling 同儕諮商 具有共同目標的團體成員之間一對一的助人過程。

Peer reviewer 同儕審查者 在特定領域中擁有知識和經驗的人，可就該特定領域的工作或研究提供回饋。

Personal qualities 個人素養 有助於支持他人的個人屬性，包括：仁慈與關懷、悲憫與體貼、正直、耐心與寬容，以及情緒成熟。

Person-centred 個人中心 看重個人需求、期待和目標的人本取向。服務對象是關懷和支持的重心。

Prejudice 偏見 一種不公平、不合理的意見或情感，通常是在沒有經過思考或瞭解的情況下形成的。對特定群體或特定事物的非理性嫌惡。

Primary role 現職角色 融入諮商技巧的行業角色，包括：護理、健康關懷、心理領域、醫事人員、支援服務、社會工作。

Referral 轉介 引薦服務對象給不同專業人員或機構，尋求進一步或更適當的協助、支持和資訊。

Reflecting 情感反映 情感反映是指確認服務對象在語言和非語言溝通過程中的感受和情緒，並回饋給對方。善於反映的傾聽者關注對方敘說時的感受，

而不只是表面的事實。

Resilience 韌力 心理或情緒上應對危機或快速恢復到危機前狀態的能力。從困境中復原的能力。堅韌。

Responsiveness 回應能力 及時、有用、快速、積極、有品質的回應，認可並滿足對方的期待和需求。

Self-awareness 自我覺察 對自身的性格和感受有意識地去瞭解。

Self-care 自我照顧 採取行動維護或改善自身健康的做法。保護自身的福祉和幸福。

Stereotype 刻板印象 對特定類別的群體，抱持著籠統、固定且過於簡單的印象或看法。根據群體的某些特徵（例如：族裔、性別、性取向）而抱持的概括性成見。

Summarising 摘要 在對話一段時間後，將對話的內容串連成一段言簡意賅的話。摘要濃縮了對話的重點，留給雙方傾聽和回顧的時間。

Supervision and supervisory support 督導與督導支持 給予受督者支持，幫助他們在工作中取得進步，並感受到重視和充實。督導能夠提高工作效能，培養技能和知識，並建立夥伴關係。督導者通常比受督者擁有更多的知識和經驗。

Systematic Review 系統性回顧 一種文獻回顧的方法，使用系統性的方式蒐集和評估資料，然後以量化或質性方法綜合研究結果。目的是運用實徵證據說明某特定主題或研究問題的整體情況。

Unhelpful responses 無效的回應 阻礙而非支持對方的回應。無效的回應包括：打斷、滔滔不絕、建議和忠告、問太多問題、打圓場等。

Working alliance 工作同盟 與服務對象合作或支持服務對象時形成的關係。重要的是建立有效的連結，設定關係的界線和限制，確定工作的任務和目標。

一學就上手的諮商技巧

附錄三

諮商專業倫理準則

諮商專業倫理準則

bacp | counselling changes lives

附錄三　諮商專業倫理準則

Copyright Information

This *Ethical Framework for the Counselling Professions* is published by the British Association for Counselling and Psychotherapy, BACP House, 15 St John's Business Park, Lutterworth, Leicestershire, LE17 4HB.

T: 01455 883300 **F:** 01455 550243
E: bacp@bacp.co.uk **www.bacp.co.uk**

BACP is the largest professional organisation for counselling and psychotherapy in the UK, is a company limited by guarantee 2175320 in England and Wales, and a registered charity 298361.

Copyright © 2018 British Association for Counselling and Psychotherapy.
First published 2018. This *Ethical Framework for the Counselling Professions* takes effect from 1 July 2018.

Permission is granted to reproduce for personal and educational use only. Commercial copying, hiring and lending are prohibited.

Design by Steers McGillan Eves.

目錄

導論
對服務對象的承諾
倫理
價值觀
核心原則
個人道德素養
結論
典範實務
以服務對象為優先
恪守專業標準
尊重
建立友善的關係
中斷與結束
誠信正直
當責與公正
保密
與同事和團隊合作
督導
訓練與教育
受訓者
研究
助人者的自我照顧
應對倫理兩難問題

導論

倫理準則的宗旨是為英國諮商與心理治療學會（BACP）成員規範應當實踐的倫理規範、價值觀和典範實務的標準。

身為 BACP 的會員和註冊人，助人者須致力於遵守倫理準則中所規定的原則和價值觀，也明白若未履行承諾，可能會不利於助人者的會員資格或註冊資格。

「諮商專業倫理準則」是專業行為聽證會決策的重要參考依據。

善用倫理準則

在服務他人之前，助人者應先閱讀並瞭解倫理準則。本準則旨在幫助助人者和服務對象在安全的基礎下展開合作。建議助人者將本倫理準則融入到諮商工作中，並將其當作應對任何挑戰和問題的資源。這比在緊急情況發生或出現問題後才求助要有效得多。

這是一個共享的準則，它既可是實務的指南，亦可以靈活地回應不同場域和服務對象的需求。本準則主要分為三個部分：

- **「對服務對象的承諾」** 一節為摘要與概述。助人者可以將此節獨立出來提供給服務對象，或將其包含在服務說明內容中。
- **「倫理」** 一節旨在協助助人者釐清助人工作背後的意涵，可在接受督導時用來思考任何倫理問題或兩難。
- **「典範實務」** 一節說明如何將倫理規範積極實踐、付諸行動。

「典範實務資源」（Good Practice in Action resources）（譯注：https://www.bacp.co.uk/events-and-resources/ethics-and-standards/good-practice-in-action/）及 BACP 網站上的其他資源，提供助人者一些有用的、非強制性的實務指南。「約束性」是「諮商專業倫理準則」的用語，它是助人者決定角色和場域適切性的終極指標。

關鍵詞

助人者（practitioner）是指 BACP 的會員或註冊人，提供治療知情服務，例如：輔導、諮商、教牧關懷或心理治療等。包括擔任諮商專業的督導、教練、教師或研究人員。

治療知情服務（therapeutically-informed services）是根據晤談和傾聽的理論與實務（例如：輔導、諮商、教牧關懷或心理治療等）所發展出來的服務。這些理論與實務奠基於廣泛的學術和專業基礎，包括：神經學、精神分析、心理學、社會科學和其他學科。

服務對象（client）是指接受 BACP 會員或註冊人輔導、諮商、教牧關懷或心理治療的民眾。所有的服務對象都有權利獲得本倫理準則所指稱的適當服務。

倫理準則中所有的原則亦適用於受訓者（trainee）和受督者（supervisee），特別是要確保他們受到尊重，獲得符合要求標準的服務，並受到保護，免受任何專業權力者的剝削或虐待。受訓者和受督者同樣能獲得與接受諮商專業服務對象相同的承諾和倫理標準。

尚在接受訓練的受訓者於服務民眾時，仍須履行倫理準則內對服務對象的所有承諾。「典範實務」第 81 條明定與其他受訓者合作學習新知識和技能的承諾。

倫理準則適用於研究參與者，更多資訊請參閱「典範實務」第 84 條至第 90 條，以及 BACP「諮商專業研究倫理準則」（Ethical Guidelines for Research in the Counselling Professions）。

倫理準則中聲明的**責任**（responsibilities）可為完全的承諾，亦可為有限制的承諾。助人者願意完全無條件地滿足「我們將……」（we will ...）或「我們必須……」（we must ...）等條文內容中聲明的特定要求。若某項要求因善意的倫理理由而須調整制宜時，條文內容會修正為「我們通常會……」（we will usually ...）。

我們向大眾承諾負責,並樂意向對助人服務有興趣的民眾,解釋我們如何履行這些責任。

對服務對象的承諾

服務對象有權利自由參與,與諮商專業的助人者一起努力實現他們期待的目標。助人者要能獲得服務對象的信任,使他們願意將健康和敏感的個人資訊託付給助人者。因此,身為 BACP 的會員或註冊人,我們將值得信賴視為一項嚴肅的倫理承諾。我們同意秉持:

1. **將服務對象放在第一位:**
   a. 與服務對象合作時,應將他們視為首要關注對象。
   b. 為服務對象提供適當的服務水準。

2. **維護專業水準:**
   a. 在能力範圍內工作。
   b. 維持我們的知識和能力與時俱進。
   c. 與團隊合作,提高服務品質。
   d. 確保我們的身心健康狀態足以維持工作品質。
   e. 正確且適當地記錄服務過程。

3. **傳達對服務對象的尊重:**
   a. 將每位服務對象視為獨特的個體。
   b. 保護服務對象的秘密和隱私。
   c. 就如何合作達成共識。
   d. 與服務對象建立合作夥伴關係。

4. **與服務對象建立適當的關係:**
   a. 清楚地告知服務對象應有的合理期待。

b. 告知服務對象可預期的、合理的效果、成本和須擔負的責任。

c. 尊重與服務對象之間在公私領域的界線。

d. 不剝削或利用服務對象。

e. 重視服務對象的回饋。

5. **誠信正直的工作態度：**

a. 對工作誠實以對。

b. 誠實地說明助人者的資歷、經驗和工作取向。

c. 遵守專業倫理規範，謹慎思考如何履行助人者的法律責任。

6. **通過以下方式展現責任感和公正公平：**

a. 願意開誠布公地與服務對象討論助人過程中涉及的任何已知風險，並告知服務對象可預期、合理的效果、成本和須擔負的責任，方能達到最佳的預期結果。

b. 無論服務對象是否意識到，都要及時告知他們任何可能面臨的傷害風險，並迅速採取行動，盡可能地限縮或修復任何傷害。

c. 接受督導。

d. 監測服務對象的經驗感受及接受服務的效果。

倫理

1. 助人倫理奠基於價值觀、倫理準則和道德素養之上。價值觀、倫理準則和道德素養同時也是解釋和應用「對服務對象的承諾」與「典範實務」的基石。

價值觀

2. 價值觀是個體展現其一般倫理承諾的方式，是助人者據以行動的目標基礎。

3. 助人者的基本價值觀，包含以下的承諾：

- 尊重人權和尊嚴。
- 緩解個體的苦惱和痛苦的症狀。
- 提升民眾的福祉和能力。
- 改善人際關係的品質。
- 提高個體的韌力和效能。
- 促進個體對自我和文化脈絡的意義感。
- 欣賞人類經驗和文化的多樣性。
- 保護服務對象的安全。
- 確保助人者與服務對象之間關係的正當性。
- 提升專業知識及應用的品質。
- 致力於提供公平和適當的服務。

4. 價值觀反映在倫理準則上。以準則的方式呈現，定義不但更為精確，也讓助人行動有所依歸。

核心原則

5. 核心原則關注重要的倫理責任。助人者的核心原則有：

   可信賴原則：重視服務對象對助人者的信任。

   尊重自主原則：尊重服務對象的自主決定權。

   行善原則：致力於促進服務對象的福祉。

   不傷害原則：承諾不對服務對象造成傷害。

   公平正義原則：公平公正地對待所有的服務對象，並提供適當的服務。

   自重自愛原則：培養助人者的自我覺察、誠實正直和自我照顧。

6. 依據一項或多項核心原則，且與其他原則沒有任何矛盾的倫理決定，是為具有充分根據的決定。

7. 然而，助人者難免會遇到無法兼顧所有適用原則的情況，而需要選擇

優先考慮哪些原則。一項決定或行動方針，並不會因為引起爭議或其他助人者在類似情況下做出不同的結論而變得不合倫理。助人者的責任是盡可能謹慎地考慮所有相關情況，並對所做的決定承擔適當的責任。

個人道德素養

8. 個人道德素養是形塑我與他人、我與環境關係的內化價值觀，象徵一種可能在無意識和未經審視的情況下運作的道德力量或驅力。當助人者不時有意識地自我審視，並為提升個人的道德發展或建構美好的社會而努力時，這些道德力量或驅力將更合乎倫理。
9. 「個人道德素養」是當代道德哲學中「美德」的應用。
10. 助人者的個人和關係道德素養至為重要。是否具備這些道德素養，對於服務對象和團隊的關係發展，以及是否具備足夠的心理素質與韌力來完成工作，具有重大影響。
11. 道德素養和專業倫理相輔相成，強化了助人關係的正當性和韌性。
12. 強烈建議助人者須培養的重要道德素養如下：

    坦誠：坦誠告知服務對象任何會使其面臨傷害風險或造成實際傷害的事情。

    關心：對服務對象的需求、福祉和能力表現出善意、負責和稱職的關注。

    勇氣：既知恐懼、風險和不確定性存在，仍願意採取行動的能力。

    勤勉：認真學習有助於提升助人效果的技能和知識。

    同理心：傳達理解他人經驗的能力。

    公平：為促進機會均等和激發他人最大潛能，在進行決策和行動時公正不阿與堅持原則。

    謙遜：正確評估與認識自身長處和短處的能力。

一致：在人我關係中保有自我，是責任感、韌力和行動力的基礎。

正直：與他人互動時品行端正，例如：胸懷坦蕩、真心誠意和言行一致。

韌力：在不損及自我的情況下，處理服務對象問題的能力。

尊重：對他人以及他們對自己的探索瞭解，表現出適當的敬意。

真誠：言行一致。

智慧：具備知行合一的正確判斷力。

結論

13. 專業倫理的挑戰意味著助人者不可避免地會遇到需要應對非預期、兩難抉擇和問題解決的情況。助人者不妨將專業倫理準則視為做重大決策時的寶貴資源。採用倫理問題解決模式（ethical problem-solving model）和對相關的倫理議題深度討論，是實踐典範實務的必要條件。本倫理準則旨在協助助人者留心可能需要考慮的各種倫理要素，並找出更能實踐倫理的替代方法。

14. 任何倫理聲明都無法消弭在不斷變化且充滿不確定性的情況下，做出專業判斷的困難。儘管如此，BACP 的會員和註冊人仍願意簽署這些倫理聲明，迎向倫理的挑戰，即使這麼一來他們得做出艱難的決定或採取勇敢的行動。

典範實務

1. 身為 BACP 的會員，我們致力於維持和推動典範實務。

2. 本節將深入探究助人者對服務對象的承諾和倫理準則，並深思它們對典範實務的影響。

3. 本節概述 BACP 對所有會員和註冊人（特別是輔導、諮商、教牧關懷或心理治療領域的助人者，包括：擔任諮商專業的督導、教練、教師

或研究人員等）提供治療知情服務時的期許。尚在接受訓練的受訓者於服務民眾時，仍須履行倫理準則內對服務對象的所有承諾。「典範實務」第 81 條明定與其他受訓者合作學習新知識和技能的承諾。

4. 身為 BACP 的會員和註冊人，助人者須致力於遵守倫理準則中所規範的原則和價值觀，也明白如果未履行承諾，可能會不利於助人者的會員資格或註冊資格。

5. 助人者的責任可為完全的承諾，亦可為有限制的承諾。助人者願意完全無條件地滿足「我們將……」（we will ...）或「我們必須……」（we must ...）等「典範實務」中聲明的特定要求。若某項要求因善意的道德理由而須調整制宜時，「典範實務」中的聲明會修正為「我們通常會……」（we will usually ...）。

6. 我們向大眾承諾負責，並樂意向對助人服務有興趣的民眾，解釋我們如何履行這些責任。

以服務對象為優先

7. 在晤談期間，助人者應將每位服務對象視為關注和工作的主要焦點。

8. 任何與服務對象為優先相衝突的專業或個人利益，助人者應與督導、經驗豐富的同事仔細協商考慮。或在適當的情況下，及時與服務對象討論。

9. 當保護服務對象或其他人免受嚴重傷害，或因遵守法律而可能會推翻服務對象的明確意願或打破保密協定時，助人者應慎思如何處理情況——請參閱第 10 條、第 55 條和第 64 條。

10. 在特殊情況下，為保護服務對象或其他人免受嚴重傷害，助人者可能會推翻之前將服務對象的意願和保密作為首要考量的承諾。助人者盡其所能地採取任何能避免對服務對象或其他人造成嚴重傷害的行動。在避免嚴重傷害的情況下，助人者仍應盡最大努力尊重服務對象的意

願或信任。

11. 助人者與其他專業人員共同承擔責任，確保所有服務對象的安全和福祉，保護他們免受剝削或危險的對待。助人者應採取行動，防止其他助人者對任何服務對象造成傷害──請參閱第 24 條。

12. 助人者應盡一切努力贏得並維護服務對象的信任。

恪守專業標準

13. 助人者必須具備提供至少達到基本專業標準或更高標準服務的能力。當助人者為滿足專業標準需要，而諮詢其他具有相關專業知識背景的人士、尋求第二意見或轉介時，助人者仍具有保護服務對象與資料隱私的承諾和義務。

14. 助人者應透過以下方式，使自身的專業知能與時俱進：
    a. 閱讀專業期刊、書籍和／或可靠的電子資源。
    b. 瞭解相關的研究和實證實務。
    c. 與曾經處理過類似問題的同事討論。
    d. 與督導或經驗豐富的助人者討論，省思個人的知識和技能。
    e. 定期地發展專業，持續更新知識和技能。
    f. 隨時瞭解與工作相關的法律、法規和任何要求，包括學會的指導。

15. 我們將保留確切的紀錄：
    ・充分、相關且僅限於提供服務類型所需的內容。
    ・遵守適用的資料保護要求──請參閱 www.ico.org.uk。

16. 助人者將在符合服務對象同意的情況下，與同事就特定服務對象的工作進行合作，提高服務水準。

17. 助人者應與同事合作，改善服務並提供相互支持──請參閱第 56 條至第 59 條「與同事和團隊合作」。

18. 助人者應把個人的身心健康維持在能夠與服務有效合作的水平上──

請參閱 第 91 條「助人者的自我照顧」。

19. 無論是提供直接或間接服務，助人者都應承擔足夠的預防措施。

20. 無論是以線上、面對面或其他方式提供服務，助人者都應履行本倫理準則中規範的倫理原則和價值觀。儘管技術和實務知識會依服務方式調整，但助人者的服務至少應達到基本的專業標準，甚至更好。

尊重

21. 助人者尊重服務對象的隱私和尊嚴。

22. 助人者透過提供以下服務，來尊重服務對象：

    a. 努力展現平等、價值多樣性，對所有服務對象一視同仁。

    b. 避免對服務對象或同事不公平的歧視。

    c. 承認我們都容易受到偏見的影響，並體認到自我覺察、接受回饋和專業發展的重要性。

    d. 以開放的方式處理身分認同議題，尊重服務對象的自主權，對個人自主或關係自主皆保持敏感度。

    e. 挑戰任何性取向或性別認同優於其他性取向或性別認同的假設，且不試圖改變服務對象的性取向或性別認同，或試圖壓抑個人對性取向或性別認同的表達。

    f. 在合理可能的範圍內，須依服務對象的能力狀況進行調整，以移除其使用服務的阻礙。

    g. 當助人者對服務對象的背景、認同或生活的重要層面瞭解有所不足時，應採取行動從其他適當的來源獲取資訊，而不是指望服務對象來教我們。

    h. 對與助人者相似或具有熟悉特徵的服務對象抱持開放態度，才不至於忽略其獨特之處。

23. 助人者認真思考有關平等、多元和包容性的法律，致力達到高於法定

的最低標準。

24. 若提供相關服務的同事或其他人的觀點似乎具有不公平的歧視，助人者會挺身挑戰，並在必要時採取行動以保護服務對象——請參閱第 11 條。

25. 助人者將盡力確保服務對象自願參與。若服務對象尚未下定決心，或因其他人、機構的壓力而須與我們合作，助人者在提供服務時仍須認可或考量他們的意見。

26. 助人者應在服務對象知情同意的基礎上與之合作。除非出現特殊情況，助人者應將服務對象或其他人的安全置於服務對象的意願和保密之上——請參閱第 10 條。

27. 助人者服務兒童和青少年時，應認真思考：
    a. 兒童和青少年給予知情同意的能力。思考如何適當地取得監護人的同意，以及兒童和青少年的最大利益。
    b. 具備服務年輕族群及建立關係的知識和技能。
    c. 深入瞭解與兒童和青少年相關的法律及權利。
    d. 瞭解當代影響教養方式的文化與習俗，以及兒童和青少年如何與生活中的重要他人互動。

28. 助人者應認真思考如何取得並尊重弱勢成年服務對象的同意（只要他們有能力同意），或在適當的時候讓這些服務對象的照顧者協同參與。

29. 我們與服務對象的合作，建立在專業的合作關係之上，目的是提高他們的福祉、能力和成就。

建立友善的關係

30. 助人者須告知服務對象他們應該提前知曉的訊息，讓服務對象就服務型態、服務內容及如何保護相關訊息等做出明智的決定。若情況緊急

或嚴重到助人者在告知此類訊息前即須介入，助人者亦應在第一適當時機予以說明。

31. 仔細思考如何與服務對象達成共識，簽訂雙方合意的服務契約。並將重點放在：

    a. 盡可能考慮到每位服務對象的需求和選擇。

    b. 以服務對象容易理解且適合其具體情況的方式，說明服務契約的內容。

    c. 清楚說明如何保護服務對象的隱私，以及任何可能向他人透露其私人資訊的情況。

    d. 提供服務對象同意的紀錄或方便簡明的紀錄。

    e. 記錄雙方合意的內容，或任何變更及澄清的事項。

    f. 留意與服務契約和服務過程中可能的矛盾情況，盡力避免這些情況，或及時提醒有權或有責任解決這些矛盾的人員。

32. 助人者應定期檢視每位服務對象的進展，同時徵求服務對象對於雙方合作過程的回饋。

33. 助人者應與服務對象建立並維持適當的專業和個人界線，確保：

    a. 這些界線與合作目標一致，對服務對象有益。

    b. 任何雙重或多重關係，若對服務對象造成的傷害風險大於利益，則應避免之。

    c. 助人者應採取合理的措施，區別及維持社群媒體上的個人形象和專業形象，避免造成導致與服務對象之間有害的雙重關係。

    d. 任何雙重或多重關係的影響必須定期接受督導，並與服務對象討論。助人者亦可與同事或主管討論這些問題，以提高服務工作的正當性。

34. 助人者不可與服務對象、受督者或受訓者發生性關係或性行為。

35. 助人者不可以經濟、情感、身體、性或精神等任何方式，剝削或虐待

服務對象。

36. 助人者應避免與服務對象關係親近者發生性行為，以免破壞服務對象對助人者的信任或破壞治療關係。

37. 助人者應避免繼續或恢復與前服務對象的任何關係，因為這將傷害服務對象或損害治療工作帶來的任何利益。助人者應該知道，在與服務對象、受督者或受訓者的工作關係正式結束後，利益衝突及權力或依賴問題可能繼續存在。因此：

   a. 在與前服務對象建立個人或商業關係之前，助人者應謹慎行事。

   b. 助人者應避免與前服務對象或其關係親近者發生性關係。除非，經過與督導充分討論，以及盡可能與經驗豐富的同事或其他關注諮商專業誠信的人員討論後，才同意這種關係，並且：

   ・時過境遷，或物是人非，足以區分往昔的舊關係和今下的新關係有所不同。

   ・先前關係中的任何治療動力都已充分解決，方可展開不同類型的關係（這可能不適用於某些服務對象或某些治療方式）。

   ・未來若有需要的話，助人者仍須提供前服務對象同等相當的服務。

   ・助人者已採取明確的防範措施，確保新關係的正當性且無剝削之虞。

   c. 若上述關係危害前服務對象的利益或損害職業聲譽，助人者須承擔全部的專業責任。

中斷與結束

38. 簽訂服務契約時，助人者應告知服務對象晤談持續時間或次數的既定限制。

39. 在工作即將結束之前，助人者應盡力盡早通知服務對象，並持續留意

服務對象的期望和擔心。

40. 助人者規劃好的休假時間，例如：度假或就醫，應提前通知服務對象。

41. 因疾病或其他因素造成的服務意外中斷，應以盡量減少帶給服務對象不便的方式應變。在這段延長的中斷時間，助人者應主動安排讓服務對象能與其他助人者保持聯繫。

42. 助人者若因死亡或重病無法繼續提供服務，本會將指定專人與服務對象聯繫，參酌其意願做出替代安排。承擔這項任務的人員受助人者和服務對象之間的保密義務約束，可由值得信賴的同事、特別指定的受託人或督導擔任之。

誠信正直

43. 助人者應對工作的各個面向保持誠實和正直的高標準。

44. 就服務的目的、方式和保密等面向，助人者應與服務對象、同事和其他專業人員保持開放和溝通的管道，達成共識。

45. 助人者應準確、誠實地說明自己的專業資格、經驗和工作方式。服務對象對此類資訊的合理請求，應及時予以答覆。

46. 助人者應認真思考如何履行法律的要求——參閱第 14f 條、第 23 條和第 70 條。

47. 對助人者提出的任何刑事指控或紀律處分，助人者應立即通知本會。若因諮商專業工作而發生民事索賠或宣布破產，皆應通知本會，讓本會瞭解。

48. 助人者應避免任何有損專業聲譽的行為。

49. 助人者應鼓勵服務對象及時提出服務過程中的任何疑慮，仔細思考這些疑慮並獲得適當的解決。服務對象有權知悉申訴流程，如本會的「專業操守執行程序」（Professional Conduct Procedures）：www.bacp.

co.uk/about-us/protecting-the-public/professional-conduct。

當責與公正

50. 助人者應負責提供服務對象實現其期望結果的機會，以及提供或負責監督服務的安全性。

51. 助人者應與服務對象討論如何以最佳方式達成期望的結果，以及過程中涉及的任何已知風險。

52. 助人者應對任何問題開誠布公、坦誠以對，並及時告知服務對象有可能面臨到的傷害風險或已造成傷害的情況，無論受影響的服務對象是否意識到發生的事：

    a. 立即採取行動防止或減少傷害。

    b. 盡可能修復任何傷害。

    c. 在適當的時候道歉。

    d. 通知督導或主管，與他們討論發生的情況。

    e. 進行調查並採取行動，避免重蹈覆轍。

53. 助人者應於督導時仔細思考如何與服務對象合作——請參閱第 60 條至第 73 條。

54. 助人者應依其提供的服務類型，追蹤服務對象對於雙方合作的體驗及合作的效果。

保密

55. 助人者應遵循以下方式保護服務對象的隱私：

    a. 積極保護服務對象的資訊，免遭未經授權的存取或洩露。

    b. 告知服務對象助人者將如何使用他的個人資料和訊息、保密範圍，特別是哪些人能存取其個人識別資訊。

    c. 要求所有能接觸到個人識別資訊的人員，依照法律要求以及揭露時須得到服務對象的同意，將此類個人資訊視為機密。

d. 在雙方合作之前，告知服務對象任何合理及可預見的隱私或保密限制（例如：為確保或提升督導或訓練品質而進行的交流、法律要求或授權揭露時），以保護服務對象或其他人免受嚴重傷害，信守維護其個資的承諾。

e. 確保有關服務對象資訊管理和溝通部分的所有合約要求相互兼容。

f. 揭露服務對象的個人識別資訊須經過服務對象同意，或有法律和倫理認可的理由。

g. 徹底匿名化處理服務對象的個資，以此做為共享可識別資訊的替代方案。

與同事和團隊合作

56. 專業關係應以相互尊重的精神進行。助人者應努力建立良好的工作關係和溝通系統，強化服務品質。

57. 助人者應公平對待同事，促進彼此的能力和機會平等。

58. 助人者不應發表不合理或判斷錯誤的評論，破壞同事與服務對象的關係。

59. 同事之間與服務對象有關的對話都應以專業為基礎，應具有目的性、尊重並符合與服務對象簽署的保密協定。

督導

60. 督導是協助助人者在整個工作生涯中維持典範實務的重要人物。督導定期、持續為助人者提供督導，深入反思其實務的各個面向，盡可能提高工作效能、安全可靠與合乎倫理地完成工作。督導也能提高受督者在工作期間整合內外在資源的能力。

61. 督導並非僅做好個案管理而已，亦應包括深入處理助人者和服務對象之間的關係，以實現預期的結果和積極的效果。督導應給受督者足夠的隱私、安全和約束，好讓他們順利完成工作。因此，最佳的做法是

讓督導關係部分或完全獨立於管理單位。

62. 與直接向服務對象提供服務的助人者相比，督導需要更精深的技能和知識。因此，督導必須透過訓練和／或經驗累積來獲得足夠的專業知識。督導亦應確保自身得到足夠的專業支持，並有自己的督導。

63. 督導應為其工作樹立高水準的典範，特別是在預期能力和專業水準、關係建立、管理個人界線、雙重關係、利益衝突和避免剝削等方面。

64. 督導過程中與服務對象有關的內容，應與和服務對象訂定的保密協定一致，且與機構的政策相容。

65. 審慎思考對服務對象應承擔的關鍵責任，以及督導、受督者、機構主管或其他負責服務的人員之間如何分配這些責任。審慎思考如何以支持和適合正在進行的工作方式，向服務對象傳達這些安排和責任。這些安排每年至少須檢視一次，或根據需要增加檢視次數。

66. 督導受訓者時，應與訓練機構合作，確保受訓者與服務對象的工作符合專業標準。與受訓者之間的合作事宜，應在其開始服務之前討論商定。

67. 在督導合格和／或經驗豐富的助人者時，確保受督者的工作符合專業標準的責任，主要由受督者承擔之。

68. 督導與受督者應定期討論如何在實務中履行與服務對象合作的責任，以及如何解決任何困難或疑慮。

69. 督導時應定期將本倫理準則中與服務對象有關的部分進行討論，每年不少於一次。

70. 督導須熟稔適用於督導功能與職責的法律。

71. 督導應準確記錄督導討論的重點。

72. 受督者有責任在接受督導時坦誠以對，提出他們在與服務對象合作過程中可能面臨的重大困難或挑戰。督導有責任與受督者討論實務上碰到的困難，不得肆意責備或批評。在適當的情況下，督導應鼓勵受督

者採取積極行動解決困難。

73. 任何定期從事具有付出或接收挑戰性情緒的工作，或從事關係負擔重且具有挑戰性的人員，建議其接受督導。

訓練與教育

74. 教師應具備合格教學和催化學習所需的技能、態度和知識。
75. 任何有關教學、教育或學習機會的資訊須正確無誤，且讓學生有知情選擇的權利。
76. 選拔學生須公平、尊重和透明，並採用選拔合適學生的程序。
77. 對學生的任何考核都是公平、尊重的，並對結果提出合理解釋。
78. 為教學目的而使用與服務對象合作的相關資料時，須經服務對象同意或充分匿名，確保無法透過任何方式識別服務對象的身分。
79. 教師應為其工作樹立高水準的典範，特別是在預期能力和專業水準、關係建立、管理個人界線、雙重關係、利益衝突和避免剝削等方面。
80. 教師應鼓勵學生盡早提出疑慮，並制定解決學生疑慮的流程和政策。教師有責任與學生一起討論實務上碰到的困難，不得肆意責備或批評，並在適當的時候支持學生採取積極行動來解決困難。

受訓者

81. 受訓者之間應相互合作：

    a. 尊重他人並相互鼓勵，提升彼此的學習成效。

    b. 技巧練習或追求個人發展時，仍應遵守典範實務標準。

82. 對服務對象坦誠：

    a. 修習助人者資格課程但會接觸到服務對象的受訓者，應告知服務對象（或確保服務對象知悉）他們尚在受訓中。

    b. 正在進行繼續專業發展課程的受訓者，應依據專業和倫理判斷來決定是否告知服務對象他們正在接受培訓，並遵守培訓的要求。

83. 受訓者應：

   a. 取得服務對象的同意，服務過程中的任何資訊僅用於訓練目的，例如：用於案例報告、個案研究或評估練習中。任何工作報告應完全匿名，隱匿相關人員的身分資訊。若無法保證匿名或受機構的指示或規定要求，則須徵得服務對象同意。

   b. 在適當的專業支持協助下，向服務對象提供滿足最低專業標準的服務。

   c. 與教師、實習機構、督導和其他專家合作，為服務對象提供符合專業標準的合理服務。

   d. 留意任何與服務對象、教師和實習機構合作時契約不相容的情況，並尋求適當的解決方法，確保所有契約要求並行不悖。

   e. 關於教師、實習機構和督導的選擇、訓練內容、督導方式和專業實務等所有問題，應與教師、實習機構主管和督導開誠布公地討論。

研究

84. 本會重視助人者的研究和系統性探究，以提升諮商專業知識，並以有利於服務對象的方式為實務提供實證基礎。

85. 若助人的研究與其提供的服務相容，本會樂意提供支持及研究機會。

86. 助人者進行研究時，應嚴格留意研究過程的品質和正當性、研究發現及結果的傳播方式。

87. 所有研究皆應遵守 BACP「諮商專業研究倫理準則」。

88. 所有研究參與者應在明確知情同意的基礎上參與研究。

89. 所有研究應提前接受審查，以確保參與者的權利和利益。

90. 研究方法應符合典範實務的服務標準，不可對研究參與者產生不利影響。

助人者的自我照顧

91. 助人者須善用以下方式,對自身的福祉負責。這是助人者維持典範實務水準的必要條件:
    a. 採取預防措施,保護自己的人身安全。
    b. 管理和維護自身的心理和生理健康,特別是有足夠的復原能力和認知功能,以符合專業標準的方式開展助人工作。
    c. 必要時須尋求專業支援與服務。
    d. 在工作和生活的各個方面保持健康的平衡。

應對倫理兩難問題

92. 專業和倫理問題、難題和困境會時不時出現,是實務中不可避免的一部分。
93. 助人者應善用督導和其他可用的專業資源,學習如何應對有挑戰性的倫理兩難情境。助人者應審慎思考解決倫理問題的最佳方法。
94. 助人者應負起責任考量在這種情況下的最佳行動為何,並說明採取該行動的理由。

參考文獻

Adler, A. (2002). *The Collected Clinical Works of Alfred Adler: Journal Articles: 1927–1931*. Chicago, IL: Alfred Adler Institute.

Aguert, M., Laval, V., Lacroix, A., Gil, S., & Le Bigot, L. (2013). Inferring emotions from speech prosody: Not so easy at age five. *PLoS One*, 8(12): e83657.

American Heritage Dictionaries (2016). *The American Heritage Dictionary of the English Language* (5th edition). Boston, MA: Houghton Mifflin Harcourt.

Armstrong, K. (2010). *Twelve Steps to a Compassionate Life*. Toronto: Knopf Canada.

Audi, R. (ed.) (2015). *The Cambridge Dictionary of Philosophy* (3rd edition). Cambridge: Cambridge University Press. doi: 10.1017/ CBO9781139057509.

Aviezer, H., Trope, Y., & Todorov, A. (2012). Body cues, not facial expressions, discriminate between intense positive and negative emotions. *Science*, 338(6111): 1225–9.

Axline, V. M., & Rogers, C. R. (1945). A teacher-therapist deals with a handicapped child. *The Journal of Abnormal and Social Psychology*, 40(2).

BACP (2018). *The BACP Ethical Framework for the Counselling Professions*. Lutterworth: British Association for Counselling and Psychotherapy.

BACP (2020). *A Guide to the BACP Counselling Skills Competence Framework: The Competences Required to use Counselling Skills in a Range of Different Roles and Settings*. Lutterworth: British Association for Counselling and Psychotherapy. Available at: www.bacp.co.uk/media/8889/bacp-counselling-skills-framework-user- guide-may20.pdf (accessed 6 April 2021).

Bandura, A. (1986). *Social Foundations of Thought and Action: A Social Cognitive Theory*. Englewood Cliffs, NJ: Prentice-Hall.

Batchelor, S. (2010). *Confession of a Buddhist Atheist*. New York: Random House, p. 165.

Beck, A. T. (1967). *The Diagnosis and Management of Depression*. Philadelphia, PA: University of Pennsylvania Press.

Bion, W. R. (1990). *Bion's Brazilian Lectures*. London: Karnac Books.

Bordin, E. S. (1979). The generalizability of the psychoanalytic concept of the working alliance. *Psychotherapy: Theory, Research & Practice*, 16(3): 252–60.

Branch, W. T., & Malik, T. K. (1993). Using 'windows of opportunities' in brief interviews to understand patients' concerns. *The Journal of the American Medical Association*, 269: 1667–8.

Brown, B. (2012). *Daring Greatly: How the Courage to Be Vulnerable Transforms the Way We Live, Love, Parent, and Lead*. Harmondsworth: Penguin, p. 68.

Brown, S. D., & Lent, R. W. (2009). *Handbook of Counselling Psychology* (4th edition). New York: Wiley.

Calaprice, A. (2005). *The New Quotable Einstein*. Princeton, NJ.: Princeton University Press.

Cardwell, M. (1996). *Dictionary of Psychology*. Chicago, IL: Fitzroy Dearborn.

Carkhuff, R. R. (1969). *Helping and Human Relations: A Primer for Lay and Professional Helpers: Volume I. Selection and Training*. New York: Holt, Rinehart & Winston.

Carnegie, Dale (1998). *How to Win Friends and Influence People*. New York: Gallery, p. 220.

Covey, S. R. (2004). *The 7 Habits of Highly Effective People: Powerful Lessons in Personal Change*. New York: Simon & Schuster, p. 253.

Darwin, C. (1872). *The Expression of Emotion in Man and Animals*. Oxford: Oxford University Press.

Duval, S., & Wicklund, R. A. (1972). *A Theory of Objective Self-awareness*. New York: Academic Press.

Eagleman, D. (2009). *Sum: Forty Tales from the Afterlives*. New York: Knopf Doubleday, p. 78.

Ebert, R. (2010). *Roger Ebert's Movie Yearbook 2011*. Kansas City, MO: Andrews McMeel Publishing, p. 1500.

Egan, G. (1998). *The Skilled Helper: A Problem Management Approach to Helping* (6th edition). Pacific Grove, CA: Brooks Cole.

Einstein, A. (2010). *The Ultimate Quotable Einstein*. Princeton, NJ: Princeton University Press, p. 252.

Ekman, P., Friesen, W. V., & Ellsworth, P. (1972). *Emotion in the Human Face: Guidelines for Research and an Integration of Findings*. New York: Pergamon Press.

Ellerman, D. (2001). *Helping People Help Themselves: Towards a Theory of Autonomy-Compatible*

Help. World Bank, Policy Research Working Paper 2693. New York: World Bank.

Emerson, Ralph Waldo (n.d.). *BrainyQuote.com*. Retrieved from: www.brainyquote.com/quotes/ralph_waldo_emerson_103408 (accessed 14 November 2020).

Erakat, S. (2006). *The Upper Hand: Winning Strategies from World-class Negotiators*. Holbrook, MA: Adams Media, p. 225.

Erksine, R. G. (1998). Attunement and involvement: Therapeutic responses to relational needs. *International Journal of Psychotherapy*, 3(3).

Ferrett, S. (2008). *Peak Performance: Success in College and Beyond* (annotated instructor's edition). New York: McGraw-Hill.

Galaxy, J. (2012). *Cat Daddy: What the World's Most Incorrigible Cat Taught Me about Life, Love, and Coming Clean*. Harmondsworth: Penguin, p. 104.

Gandhi, M. (n.d.). *Quotes by Mahatma Gandhi*. Retrieved from: www.goodreads.com/author/show/5810891.Mahatma_Gandhi (accessed May 2016).

George, R. and Cristiani, T. (1995). *Counseling: Theory and Practice*. Boston, MA: Allyn and Bacon.

Gu, J., Cavanagh, K., Baer, R., & Strauss, C. (2017). An empirical examination of the factor structure of compassion. *PLoS One*, 12(2): e0172471. Published 17 February. doi:10.1371/journal.pone.0172471.

Hill, C. E. (2009). *Helping Skills: Facilitating, Exploration, Insight, and Action* (3rd edition). Washington, DC: American Psychological Association.

Hill, C. E., & Lent, R. W. (1996). A narrative and meta-analytic review of helping skills training: Time to revive a dormant area of inquiry. *Psychology: Theory Research, Practice, Training*, 43(2): 154–72.

Høigaard, R., & Mathisen, P. (2008). Informal situated counselling in a school context. *Counselling Psychology Quarterly*, 21: 293–9.

Homer (2008). *The Odyssey* (Easyread Large Edition). ReadHowYouWant.com, p. 146.

Jackson, S. W. (1999). *Care of the Psyche: A History of Psychosocial Healing*. New Haven, CT: Yale University Press.

Jamison, L. (2014). Contemplating other people's pain. *The New York Times*, March 2014.

Jansen, J., van Weert, J. C. M., de Groot, J., van Dulmen, S., Heeren, T. J., & Bensing, J. M. (2010). Emotional and informational patient cues: The impact of nurses' responses on recall. *Patient Education and Counselling*, 79: 218–24.

Kohut, H. (2009). *How Does Analysis Cure?* Chicago, IL: University of Chicago Press, p. 93.

Kohut, H. (2012). *The Restoration of the Self*. Chicago, IL: University of Chicago Press, p. 144.

Kreider, T. (2013). *We Learn Nothing: Essays*. New York: Simon & Schuster, p. 59.

Laing, R. D. (1960). *The Divided Self: An Existential Study in Sanity and Madness*. Harmondsworth: Penguin.

Luft, J., & Ingham, H. (1955). *The Johari Window: A Graphic Model of Interpersonal Awareness*. Proceedings of the Western Training Laboratory in Group Development. Los Angeles, CA: University of California, Los Angeles.

Martel, Y. (2003). *Life of Pi*. Boston, MA: Houghton Mifflin Harcourt, p. 132.

Martin, K. L., & Hodgson, D. (2006). The role of counselling and communication skills: How can they enhance a patient's 'first day' experience? *Journal of Radiotherapy in Practice*, 5(3): 157–64. doi: 10.1017/S1460396906000215.

Maslow, A. H. (1943). A theory of human motivation. *Psychological Review*, 50(4).

McLeod, J., & McLeod, J. (2011). *Counselling Skills: A Practical Guide for Counsellors and Helping Professionals* (2nd edition). Maidenhead: Open University Press.

McLeod, S. A. (2008). Prejudice and discrimination. *Simply Psychology*. Available at: www.simplypsychology.org/prejudice.html.

Miller, A. (2002). *For Your Own Good: Hidden Cruelty in Child- Rearing and the Roots of Violence*. London: Macmillan, p. 101.

Miller, W. R., & Rollnick, S. (1991). *Motivational Interviewing: Preparing People to Change Addictive Behavior*. New York: Guilford Press.

Newman, C. (2007). Boundary issues in the professional/client relationship. *Journal of Community Corrections*, 17(1): 9–11.

Nin, A. (1970). *The Diary of Anaïs Nin, Volume Two (1934–1939)*. Orlando, FL: Harcourt.

Paul, R., & Elder, L. (2006). *The Miniature Guide to Understanding the Foundations of Ethical Reasoning*. Tomales, CA: Foundation for Critical Thinking Free Press.

Paulmann, S., & Uskul, A. K. (2014). Cross-cultural emotional prosody recognition: Evidence from Chinese and British listeners. *Cognition and Emotion*, 28(2): 230–44.

Perlman, H. H. (1979). *Relationship: The Heart of Helping People*. Chicago, IL: University of Chicago Press.

Peterson, M. R. (1992). *At Personal Risk: Boundary Violations in Professional–Client Relationships*. New York: W.W. Norton.

Piercy, M. (2016). *Gone to Soldiers: A Novel*. New York: Open Road Media, p. 685.

Prochaska, J. O., & DiClemente, C. C. (1983). Stages and processes of self-change of smoking: Toward an integrative model of change. *Journal of Consulting and Clinical Psychology*, 51(3): 390–5. https://doi.org/10.1037/0022-006X.51.3.390

Prochaska, J. O., DiClemente, C. C., & Norcross, J. C. (1992). In search of how people change: Applications to the addictive behaviors. *American Psychologist*, 47: 1102–14. PMID: 1329589.

Riess, H. (2017). The Science of Empathy. *Journal of Patient Experience*, 9 May: 74–7. doi: 10.1177/2374373517699267.

Rochat, P. (2003). Five levels of self-awareness as they unfold early in life. *Consciousness and Cognition*, 12(4): 717–31. doi: 10.1016/ s1053-8100(03)00081-3. PMID 14656513.

Rogers, C. R. (1957). The necessary and sufficient conditions of therapeutic personality change. *Journal of Consulting Psychology*, 21(2): 95–103.

Rogers, C. R. (1961). *On Becoming a Person*. Boston, MA: Houghton Mifflin.

Rogers, C. R. (1980). *A Way of Being*. Boston, MA: Houghton Mifflin Harcourt, p. 134.

Rosenberg, M. B. (2005). *Speak Peace in a World of Conflict: What You Say Next Will Change Your World*. Encinitas, CA: Puddle Dancer Press, p. 129.

Roth, A. D., & Pilling, S. (2008). Using an evidence-based methodology to identify the competences required to deliver effective cognitive and behavioural therapy for depression and anxiety disorders. *Behavioural and Cognitive Psychotherapy*, 36(2): 129–47. https://doi.org/10.1017/S1352465808004141

Roy, A. (2004). *The Ordinary Person's Guide to Empire*. London: Flamingo.

Schweitzer, A. (1958). *A Selection of Writings of and about Albert Schweitzer*. Boston, MA: H. N. Sawyer.

Shakespeare, W. (2005). *Hamlet* (Arden Shakespeare edition). Edited by H. Jenkins. London: The Arden Shakespeare, Thomson Learning, p. 277.

Smith, H., & Smith, M. K. (2008). *The Art of Helping Others: Being Around, Being There, Being*

Wise. London: Jessica Kingsley.

Sobell, L. C., & Sobell, M. B. (2008). *Motivational Interviewing Strategies and Techniques: Rationales and Examples*. Retrieved from: www.nova.edu/gsc/forms/ mi_rationale_techniques.pdf

Steinbeck, J. (2002). *East of Eden*. Harmondsworth: Penguin, p. 391.

Tomkins, S. S. (1962). *Affect, Imagery, and Consciousness. Volume 1: The Positive Affects*. New York: Springer.

Tomkins, S. S. (1963). *Affect, Imagery, and Consciousness. Volume 2: The Negative Affects*. New York: Springer.

UKEssays (2018). *Professionalism and Ethics in Counselling*. [online]. Available from: www.ukessays.com/essays/social-work/defining- and-understanding-ethical-mindfulness-social-work-essay.php?vref=1 (accessed 1 November 2020).

Vinge, V. (2010). *A Fire upon the Deep*. Basingstoke: Macmillan, p. 454.

Young, M. E. (2005). *Learning the Art of Helping: Building Blocks and Techniques*. Hoboken, NJ: Pearson/Merrill Prentice-Hall.

Zur, O. (2011). *Self-Disclosure & Transparency in Psychotherapy and Counselling: To Disclose or Not to Disclose, This is the Question*. Retrieved from: www.zurinstitute.com/selfdisclosure1.html (accessed 23 May 2013).

國家圖書館出版品預行編目（CIP）資料

一學就上手的諮商技巧 / Traci Postings 著；陳增穎譯. -- 初版. -- 新北市：心理出版社股份有限公司，2025.1
　　面；　公分. --（輔導諮商系列；21144）
　　譯自：Counselling skills.
　　ISBN 978-626-7447-48-2（平裝）

1.CST: 諮商技巧　2.CST: 心理諮商　3.CST: 臨床心理學

178.4　　　　　　　　　　　　　　　　　　　　113017570

輔導諮商系列 21144

一學就上手的諮商技巧

作　　者：Traci Postings
譯　　者：陳增穎
執行編輯：陳文玲
總 編 輯：林敬堯
發 行 人：洪有義
出 版 者：心理出版社股份有限公司
地　　址：231026 新北市新店區光明街 288 號 7 樓
電　　話：(02) 29150566
傳　　真：(02) 29152928
郵撥帳號：19293172 心理出版社股份有限公司
網　　址：https://www.psy.com.tw
電子信箱：psychoco@ms15.hinet.net
排 版 者：菩薩蠻數位文化有限公司
印 刷 者：辰皓國際出版製作有限公司
初版一刷：2025年1月
Ｉ Ｓ Ｂ Ｎ：978-626-7447-48-2
定　　價：新台幣 350 元

■有著作權・侵害必究■
【本書獲有原出版者全球繁體中文版出版發行獨家授權】